前郭县非物质文化遗产名录

前郭县非物质文化遗产保护中心　编

吉林文史出版社

图书在版编目（CIP）数据

前郭县非物质文化遗产名录 / 前郭县非物质文化遗产保护中心编 . — 长春 : 吉林文史出版社 , 2023.6

ISBN 978-7-5472-9176-4

Ⅰ . ①前… Ⅱ . ①前… Ⅲ . ①非物质文化遗产－前郭尔罗斯蒙古族自治县 Ⅳ . ① G127.344

中国版本图书馆 CIP 数据核字 (2022) 第 198818 号

前郭县非物质文化遗产名录

QIANGUO XIAN FEI WUZHI WENHUA YICHAN MINGLU

出 版 人：张　强
编　　者：前郭县非物质文化遗产保护中心
责任编辑：程　明　戚　晔
封面设计：柳永哲
出版发行：吉林文史出版社
电　　话：0431—81629369
地　　址：长春市福祉大路5788号
邮　　编：130117
网　　址：www.jlws.com.cn
印　　刷：吉林省优视印务有限公司
开　　本：787mm × 1092mm　1/16
印　　张：19.25
字　　数：400千字
版　　次：2023年6月第1版
印　　次：2023年6月第1次印刷
书　　号：ISBN 978-7-5472-9176-4
定　　价：880.00元

前　言

非物质文化遗产，是各族人民世代相传并视为其文化遗产组成部分的各种传统文化表现形式，以及与传统文化表现形式相关的实物和场所。非物质文化遗产是一个国家和民族历史文化成就的重要标志，是优秀传统文化的重要组成部分。

中华文化浩瀚深厚，源远流长。作为中华文明绵延不绝最为生动的见证，非物质文化遗产以其丰富多彩的表现形式，体现着中华民族非凡的智慧和伟大的创造力，彰显着中华民族独特的文化品格和精神气质。我们既为中华民族拥有源远流长、丰富灿烂且葆有坚韧生命力的非物质文化遗产而自豪，更为保护、延续和发展这份珍贵遗产而深感责任重大。

前郭尔罗斯蒙古族自治县（以下简称前郭县）历史悠久，文化底蕴厚重，民族特色鲜明，文化遗产资源丰富，非遗保护始终坚持“保护为主、抢救第一、合理利用、传承发展”的工作方针，形成“党委领导、政府负责、部门协同、社会参与”的工作格局，在全县非遗工作者的共同努力下，各项活动开展得有声有色，形成浓厚的非遗传承氛围，有效推动了非遗各项目的传承发展。截至2022年12月底，前郭县已挖掘非物质文化遗产148项，其中10项列入国家级保护名录，59项列入省级保护名录，96项列入市级保护名录。认定各级代表性传承人230名，其中国家级2名、省级51名、市级30名，拥有省级传承基地9家、省级传习所8家、市级传承基地1家、县级传承基地33家。2011年，前郭县非遗保护中心率先开展了数据库基础建设工作。2014年，再次投入资金对非遗数据库进行设备升级，对所有项目信息实行数据化管理。在完成全县非遗项目资料的搜集、整理和建档任务基础上，不断充实项目资料，目前，已初步实现了图文资料数据化管理，存储各类非遗影音资料达2000小时，照片11万张，非遗项目资料储备非常丰富。还先后录制非遗项目光盘14种、共10 000张，编辑整理非遗图书10种，累计印刷出版11 200册。2018年6月，《前郭县非物质文化遗产保护条例》正式颁布实施。2019年3月，吉林省首家省级文化生态保护区——关东草原文化（前郭尔罗斯）生态保护区正式成立。

为拉近与非物质文化遗产的距离，加强传承保护，展示传统文化魅力，我们编辑出版了这本名录，以图文并茂形式介绍非遗项目，促进广大读者对非遗的了解、认识，感受非遗的魅力和深厚内涵，增强爱护非遗、保护中华传统文化的责任感，激发强烈的民族自豪感和认同感，彰显中华民族文化的博大精深。把保护非物质文化遗产、弘扬中华优秀传统文化植根于心田，让它生根、发芽、长叶、开花……自觉参与非物质文化保护和传承之中，齐心协力共筑文化长城，携手共建我们美好的精神家园，为全面建设社会主义现代化国家提供精神力量。

编　者

2022年12月

目　　录

民间文学

传统音乐

传统舞蹈

传统戏剧

曲艺

传统体育、游艺与杂技

传统美术

传统技艺

传统医药

民俗

民间文学

·国家级·

陶克陶胡

公布时间：2011年
级别批次：国家级第三批
项目类别：民间文学
项目编号：Ⅰ—116
保护单位：前郭尔罗斯蒙古族自治县文化工作总站
（前郭县非物质文化遗产保护中心）

▶陶克陶胡书籍资料

▲陶克陶胡

陶克陶胡（1864.5—1922.4），又译为“陶克陶”，有“刚毅英雄”之称。1906年9月，为反抗蒙古贵族推行的垦荒政策，陶克陶胡带领3个儿子和兄弟亲朋共32人宣誓起义。陶克陶胡起义在蒙古人中影响较大。民国年间另一位蒙古族反垦起义领导人嘎达梅林就是受陶克陶胡影响揭竿而起的。根据陶克陶胡的事迹创作的叙事诗《陶克陶胡》，影响力仅次于另一部英雄叙事诗《嘎达梅林》，至今仍为许多蒙古人所传唱。

陶克陶胡，蒙古族，成吉思汗之弟哈布图·哈萨尔的远代直系孙，1864年生于郭前旗塔虎城三家子屯（今前郭县八

▲《陶克陶胡》国家级代表性传承人包广林（左6）为群众讲述陶克陶胡的故事　刘跃红/摄影

郎镇陶克陶胡村）。19世纪初，民间艺人根据陶克陶胡的事迹创编蒙古族长篇叙事琴书《陶克陶胡》，经民间艺人的不断加工、整理、传唱，逐渐丰富发展臻于完善，后来又出现了民歌和文学作品等体裁，至今仍在蒙古族聚居地区广为流传。

为反抗蒙古贵族推行的垦荒政策，1906年9月23日凌晨，陶克陶胡带领3个儿子及亲族义友等32人宣誓起义。先捣毁了二龙索口垦务局，缴获20余条枪支。又于当晚11时到达茂林站，处死12名日本测绘人员及守卫清兵，缴获大批枪支弹药与军装。清廷急令哲盟十旗派出骑兵追剿陶克陶胡。1907年6月，东三省总督徐世昌又派前路统领张作霖的巡防队等多股兵力进行围剿。当年7月，陶克陶胡率部占据醴泉县城德隆烧锅大院，与8 000多官军激战六昼夜后突围。次年3月，又转战于扎赉特旗、土谢图旗之间，曾在土谢图旗与5 000多追剿官军激战三昼夜。

陶克陶胡反抗蒙古封建王公及清廷的起义，以几十人的兵力与成千上万官军在东北与东蒙广阔地带进行了100余次激战。起义的4年之间，他率部转战于郭尔罗斯、乌珠穆沁、呼伦贝尔等广袤地区，曾两次南下，三上索仑山，歼敌2 000多人。1910年春，陶克陶胡率部经锡林郭勒盟到达中俄边界，在众多清兵追击下进入俄境。1922年4月在库伦病逝，终年58岁。

《陶克陶胡》全面记叙了陶克陶胡率领贫苦牧民反清抗日、反封建王公和军阀政府掠夺土地的斗争，塑造了为民请命、为了保卫家乡土地不畏强暴的英雄形象，讴歌了蒙古族人民不屈不挠的斗争精神。无论民歌、琴书还是文学作品，《陶克陶胡》情节生动曲折、语言凝练，具有极强的艺术感染力。其民间文学价值极为珍贵，同时又具有很高的历史学价值和民族学价值。

▲为纪念陶克陶胡，前郭县委、县政府决定将其出生地——塔虎城三家子屯更名为“陶克陶胡村”

▲陶克陶胡相关文学作品

▲《陶克陶胡》国家级代表性传承人包广林（伯颜杜仍） 刘跃红/摄影

包广林（伯颜杜仍），蒙古族，1940年6月29日生于前郭县海勃日戈镇，1964年毕业于东北师范大学中文系，中国作家协会会员，中国蒙古文学学会理事，出版有散文集《博斋琐笔》，长篇传记体小说《陶克陶胡》曾荣获吉林省人民政府颁发的长白山优秀图书奖。他撰写的《20世纪中国蒙古族学者》获中国少数民族作家学会报告文学奖。

·省级·

阿阑豁阿的故事

公布时间：2011年
级别批次：省级第三批
项目类别：民间文学
保护单位：前郭尔罗斯蒙古族自治县图书馆

阿阑豁阿，生于公元10世纪，豁罗剌思部，蒙古族第十二世祖朵奔篾儿干的妻子，成吉思汗“黄金家族”的“三贤圣母”之一。她的第八代孙合不勒为蒙古第一位大汗，第十二代孙即建立蒙古汗国的元太祖成吉思汗。阿阑豁阿用五支箭教育五子要“同一友和”的训言在蒙古族中广为流传。阿阑豁阿的故事还包括《祖辈化铁出山》《抢亲》《感光生子》《部落迁徙》《幼子漂泊》等。

▶查干湖畔的阿阑豁阿雕塑　吴巍/摄影

◀《阿阑豁阿的故事》省级代表性传承人厄鲁特珊丹　　吴巍/摄影

阿阑豁阿缔造了蒙古，缔造了尼伦氏族，缔造了孛儿只斤家族。豁罗剌思是迭尔勒勤蒙古的一个分支，阿阑豁阿来自豁罗剌思部，因此，郭尔罗斯为圣母阿阑豁阿的故乡。从阿阑豁阿时代起，蒙古部落开始分为两部分，即迭尔勒勤蒙古和尼伦蒙古。阿阑豁阿与朵奔篾儿干所生的两个儿子的后裔，构成迭尔勒勤蒙古。朵奔篾儿干去世后，阿阑豁阿感天光又生了3个儿子。3个儿子的后代发展为尼伦蒙古，其幼子孛端察儿的后裔为孛儿只斤系。

▲阿阑豁阿的故事文献

▲前郭县成吉思汗文化园内折箭教子雕塑　吴巍/摄影

阿阑豁阿是一位贤惠的母亲。历史上她被当作“有政治见解的可尊敬的妇女而写入史册”。在《蒙古秘史》第一卷里，共用了68节文字简述成吉思汗的祖源中22代人的历史，关于阿阑豁阿的就有18节的文字记载。其中，阿阑豁阿用五支箭教育五子要“同一友和”的训言，寓意深刻，教益颇深，千百年来一直流传在蒙古民族当中，影响深远。

巴拉根仓的故事

公布时间：2011年
级别批次：省级第三批
项目类别：民间文学
保护单位：前郭尔罗斯蒙古族自治县草原文化馆

蒙古族群众往往把一些幽默而机智的人称为巴拉根仓，亦把一些好说谎取笑的人称为巴拉根仓。关于巴拉根仓真实人物是否存在，说法不一，但巴拉根仓这个人物形象在蒙古族民间的影响非常深刻。巴拉根仓的故事由许多独立的小故事组成，富于幽默感和戏剧性，这些故事不仅思想上能给人以启迪，艺术上也具有鲜明的特色，独特的形象表现和叙述方法，简练动人的语言风格，无不引人入胜。

▶巴拉根仓的故事省级代表性传承人 贾宝玉 吴巍/摄影

▲省级代表性传承人贾宝玉讲述《巴拉根仓的故事》　吴巍/摄影

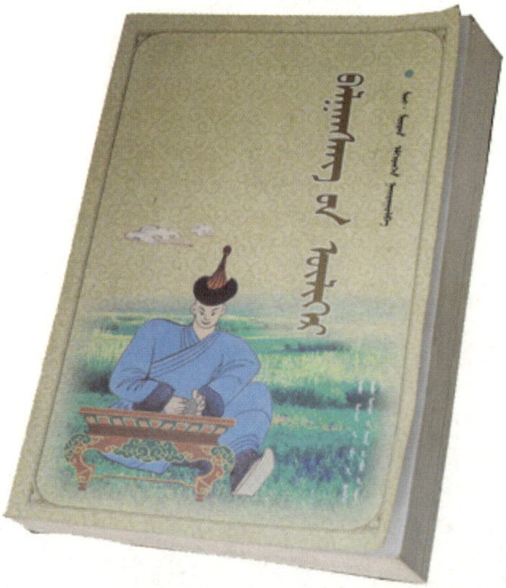

▲《巴拉根仓的故事》

巴拉根仓的故事是由许许多多各自独立的小故事组成的。在各个故事讲法上，讲述者也采取各自不同的方式，如有的人把几个故事连起来讲，有的是一个一个故事独立讲，这些故事都统称“巴拉根仓的故事”。巴拉根仓的故事反映了蒙古族劳动人民与封建统治者之间的尖锐矛盾和斗争，劳动人民通过这个理想化的聪明而幽默的人物，抒发自己胸中的激愤和反抗情绪，讽刺和嘲笑那些残暴的统治者，揭露和鞭鞑那些贪财如命的剥削阶层人物。

▲省级代表性传承人贾宝玉讲述《巴拉根仓的故事》

巴拉根仓是普通农牧民的形象。《巴拉根仓的故事》产生在蒙古族民间，主要反映了近代蒙古族农区或半农半牧区的社会生活，具有劳动人民敢于反叛的自由精神。他为人正直，充满正义感。他的智慧是通过他的讽刺和幽默表现出来的，其中“说谎”是他的最大特点。但巴拉根仓的“说谎”充满了哲理性，表面上是在撒谎，其背后则往往揭示了事情的真相或发展的趋势，使故事不仅趣味横生，而且让人觉得真实可信，从而赢得了人民群众普遍的喜爱。

《巴拉根仓的故事》是蒙古族人民集体智慧的结晶，是一部充满积极进取精神的讽刺幽默故事集。这些故事直接批评、讽刺了腐朽的封建社会和害人的宗教势力，真实地反映了当时的社会矛盾。整个故事具有鲜明的地域特点和浓郁的民族特色，是蒙古族世代传承的珍贵民间文学和文化遗产。

博唱词

公布时间：2016年

级别批次：省级第四批

项目类别：民间文学

保护单位：松原市蒙古族博文化研究会

▲《博唱词》传承人跳博舞　吴巍/摄影

蒙古族“博”文化历史悠久，源远流长，是游牧民族崇拜自然、祈天降福的一种民间习俗。“博唱词”也称博神歌，是行博的过程中所唱的词句，具有浓郁的民间文学色彩，是蒙古族博文化中的重要组成部分。郭尔罗斯地区博唱词保存比较完整。

▲《博唱词》传承人行博表演　吴巍/摄影

▲《博唱词》传承人行博表演　吴巍/摄影

自古以来，郭尔罗斯地区的蒙古博都是使用蒙古语颂唱，各个流派之间在说唱风格、语言运用、词语组成等方面也存在差别，但是整体上，主要有8种博唱词流传最为广泛，即恭请唱词、嚎叫唱词、经语唱词、祈祷唱词、诅咒唱词、聚叫唱词、咒语唱词、叨咕唱词。

郭尔罗斯博在行博时，整个过程由主博来唱，徒弟伴唱。根据“法事”的程序和内容分别展示不同的博唱词。行博词语丰富，语言流畅，感染力强，蒙古族民间多种习俗在唱词中均有体现，是蒙古族博文化中极具民族特色的民间非物质文化遗产。

▲省级代表性传承人向金生表演博唱词

吴巍/摄影

达金道宝传说

公布时间：2021年
级别批次：省级第五批
项目类别：民间文学
保护单位：前郭尔罗斯蒙古族自治县草原文化馆

▲达吉敖包

▲达吉道堡祭祀文化艺术节

达金道宝，也译作达吉道堡，位于前郭县查干花镇西白音花村。这里曾生长一棵古榆树，被群众视为“神树”，蒙古语将其称为“尚神毛都”。传说神树是“博”的先祖浩布克泰阿布的“翁古达”会聚和栖息的地方，为蒙古族地区历代“博”的朝拜圣地。郭尔罗斯人民为有“达金道宝神奇的传说”而自豪，一代又一代的郭尔罗斯儿女口口相传、流传至今。

达金道宝传说是蒙古族古老传说之一，流传于嫩科尔沁十旗和黑龙江省部分市县，特别是在前郭尔罗斯蒙古族自治县蒙古族百姓中家喻户晓。达金道宝传说与古老的蒙古族博文化有关，是流传数百年的文化遗产。“神树”早已不复存在，现该地建起“达吉”敖包，成为民俗旅游景点，附近群众每年都在这里举行“达金道宝祭祀活动”。

▲前郭县草原文化馆包朝格柱收藏的达金道宝传说有关书籍资料

蒙古族长篇英雄史诗《阿勇干·散迪尔》

公布时间：2009年

级别批次：省级第二批

项目类别：民间文学

保护单位：前郭尔罗斯蒙古族自治县草原文化馆

▲蒙古族长篇英雄史诗省级代表性传承人朝鲁蒙在培训班上演唱英雄史诗　刘跃红/摄影

蒙古族英雄史诗《阿勇干·散迪尔》，民间也称为《镇服蟒古斯的故事》或《平妖传》，通常是由职业的“潮尔沁”（操潮尔演唱的艺人）或“胡尔沁”（操四胡演唱的艺人）说唱的一种民间文学作品。

《阿勇干·散迪尔》是以婚姻和征战为情节的史诗。英雄散迪尔的名前冠有“阿勇干”一词，“阿勇干”意为“迅雷”，因此也写作“迅雷·散迪尔”。史诗讲述英雄散迪尔征服蟒古斯（魔鬼）救出公主的英雄故事，反映了蒙古族民众的生活和精神世界，英雄爱憎分明，百姓崇尚勇敢和忠贞，大草原的美丽自然风光和深厚的牧民生活习俗都展现其中，是一部珍贵的民间文学作品。

▲蒙古族长篇英雄史诗省级代表性传承人包玉文（哈斯朝鲁）正在整理英雄史诗资料

▲蒙古族长篇英雄史诗省级代表性传承人包玉文（哈斯朝鲁）翻译的《英雄史诗》著作 刘跃红/摄影

祝 赞 词

公布时间：2011年

级别批次：省级第三批

项目类别：民间文学

保护单位：前郭尔罗斯蒙古族自治县民族歌舞传习中心

▲祝赞词省级代表性传承人巴彦斯郎在成吉思汗召“淖尔”祭祀大典上诵读祝赞词

吴巍/摄影

祝赞词是祝词和赞词的合称，也称赞颂词，是蒙古族民间文学形式。自古以来，蒙古族在人生成长与社会交往的重要环节或时刻，都要举行一定的仪式，在这些仪式上要进行隆重热烈的祝赞。而在祭祖、祭天、祭敖包等庄重的仪式上，也诵读不同内容的祝词。因此，蒙古族民间流传着众多的祝赞词，涉及蒙古族日常生活的方方面面。

▲查干湖冰雪渔猎文化旅游节上致祝赞词

祝词和赞词是蒙古族特有的文艺形式。富有草原气息、以朗诵诗形式出现的祝词和赞词，自古以来在蒙古民间流传。祝赞词不讲究严格的韵律，主要是追求口语的自然旋律、朗朗上口、舒展流畅，是一种有一定套式和吟诵曲调的自由诗。主要有祭词、婚礼祝赞词、祭敖包祝赞词、农业祝赞词、那达慕祝赞词、畜牧业祝赞词、狩猎祝赞词等。

▲祝赞词省级代表性传承人巴彦斯郎（中间）在婚礼仪式上致祝赞词

·市级·

安代舞传说

公布时间：2009年
级别批次：市级第一批（增补）
项目类别：民间文学
保护单位：前郭尔罗斯蒙古族自治县草原文化馆

▲安代舞

几百年前，郭尔罗斯前旗有一对夫妇，在40岁时才得一女，起名娜布琪。娜布琪17岁时忽然得了怪病，日渐消瘦。娜布琪的父亲套上勒勒车到蒙古贞去寻找大夫。一天，路过一条河时，车辕断成两截。娜布琪在车厢里哭泣，看着可怜的女儿，老人泪流不止，围着勒勒车拍腿跺脚，甩臂长叹，长歌代哭。附近白音花村的牧人听到了，好奇地纷纷赶了过来，之后也跟着跳起来、唱起来。这种如歌如舞的情形仿佛感动了上苍，姑娘病情好转，下车步入人群手舞足蹈，脸上有了笑容，渐渐痊愈。这一消息传遍草原，从此患此类似病症的青年妇女，都效仿此法治病。“安代”自此流传开来。

查干高娃的故事（查干湖的传说）

公布时间：2009年
级别批次：市级第一批
项目类别：民间文学
保护单位：前郭尔罗斯蒙古族自治县图书馆

▲查干湖畔的查干高娃雕像

查干高娃是郭尔罗斯始祖乌巴什之子莽果的次女。传说，莽果之妻怀胎十月，忽梦圣洁女神从天而降，言其向往郭尔罗斯部人间圣湖而投其怀，遂生一女，洁净隽秀，取名查干高娃。查干高娃格外聪慧美丽，深得莽果喜爱。时逢郭尔罗斯草原上最大的湖泊尚未命名分封，便将其赐封给次女，并以女儿名字封了湖名，即查干湖。

郭尔罗斯部落传说

公布时间：2010年
级别批次：市级第二批
项目类别：民间文学
保护单位：前郭尔罗斯蒙古族自治县草原文化馆

郭尔罗斯部落传说：郭尔罗斯，也称“豁罗剌思”，最早见于《蒙古秘史》，部落起源则更早，另有“火鲁剌思”“郭尔罗特”等不同音译。历史上，蒙古诸部曾分为尼伦蒙古和迭尔勒勤蒙古两大部。迭尔勒勤蒙古又分18部，豁罗剌思与弘吉剌惕和亦乞剌思两部落同源，同属迭尔勒勤部落。相传三部始祖与天女相爱结合，并生有三子。此事激起天庭大怒，三子被下令自天庭扔下人间，天母不忍，以金器相托降入人间，此三子即为郭尔罗斯、弘吉剌惕和亦乞剌思三部落的祖先。弘吉剌惕部祖四世孙名“豁罗剌思”，郭尔罗斯氏族便出自这个人名。

◀郭尔罗斯旗祖固穆像

郭尔罗斯黑马敖包的传说

公布时间：2009年

级别批次：市级第一批（增补）

项目类别：民间文学

保护单位：前郭尔罗斯蒙古族自治县草原文化馆

清崇德元年（1636年），郭尔罗斯始祖固穆因征明有功，受封扎萨克辅国公，世袭罔替，其公爷府建在哈拉毛都，其弟桑噶尔济驻牧于昂格赉，扎萨克大权多次在两系中交替。到桑噶尔济系的阿喇布坦担任扎萨克时，他昏庸无能、不理政务。而此时的哈拉毛都辅国公恭格喇布坦则胆识过人，胸怀远大，家业兴旺。

阿喇布坦沉湎于酒色，对扎萨克大印毫不爱惜，乱丢乱放，甚至还用来砸榛子，下人敢怒不敢言。一天，府里一下人（一说为恭格喇布坦派去昂格赉办事的侍从）见大印又被丢在一旁，乘机藏匿于怀中，跨上一匹黑马奔向哈拉毛都，要将大印献给励精图治的恭格喇布坦。黑马载着下人像离弦的箭一样狂奔300多里，甩开了追兵，终于在哈拉毛都西山上遇到打猎的恭格喇布坦，下人将大印献出。恭格喇布坦正要奖赏献印之人和他骑的黑马，这匹马却因长途奔袭劳累过度，倒地而亡。不久，阿喇布坦因丢印被革职，扎萨克大权重新回到固穆的子孙手中。为纪念这匹有功的黑马，恭格喇布坦命人在西山上建起敖包，世代祭祀，人称“黑马敖包”。

▲位于前郭县哈拉毛都西山的黑马敖包

郭尔罗斯蒙古族地名传说

公布时间：2010年
级别批次：市级第二批
项目类别：民间文学
保护单位：前郭尔罗斯蒙古族自治县图书馆

郭尔罗斯部落是较早定居的蒙古族部落。郭尔罗斯蒙古族聚居的村屯名字来源有很多传说。如昂格赉村，村名意为坨子中间分开的地方。传说宝古门腾格里（蒙古族民间传说中的天神）与拉格魔鬼交战的时候用弓箭射向魔鬼，拉格魔鬼一闪身，箭射空，将大坨子一分为二，因此起名昂格赉。再如吉拉吐屯，传说每逢雾天，偶见屯西南方向上空有雾气缭绕，熠熠发光，似红缨彩带，日出雾消缨影遁去，旗王爷得知后，认为红缨光照下面是块宝地，遂即指令在此建屯，取名“吉拉吐”（汉意为缨）。

▲前郭县许多村屯地名背后都有着美丽的传说　图为哈达山景色，哈达山有小青龙等传说故事

郭尔罗斯寺庙故事

公布时间：2010年
级别批次：市级第二批
项目类别：民间文学
保护单位：前郭尔罗斯蒙古族自治县图书馆

郭尔罗斯前旗从清顺治年起，到光绪末年，为庆贺历代皇帝寿辰，先后在比赫尔、四克基、新庙、巴罕黑德（东三家子小庙子）、阿尔山宝勒格（王府那拉街）、豪沁黑德（黑帝庙）等地修建6座喇嘛寺庙。《崇化禧宁寺始建传说故事》《王爷府老爷庙与神泉》《赤兔马》《青龙偃月刀的故事传说》等关于郭尔罗斯寺庙故事开始流传于民间。

▲查干湖妙因寺一角

龙坑传说

公布时间：2009年
级别批次：市级第一批（增补）
项目类别：民间文学
保护单位：前郭尔罗斯蒙古族自治县图书馆

龙坑位于前郭县套浩太乡境内，是一条长约2 500米、宽约300米、深70多米的天然沟壑。相传，古时候有一年大旱，东海龙王来此行雨，劳累过度伏卧在地，无法返回东海。百姓见状，纷纷运来一桶又一桶的井水，泼到龙王身上，终于使龙王恢复元气，腾空而起。而龙王卧身之处，竟有泉水汩汩涌出，人们称为“龙坑”。

▲位于前郭县套浩太乡的“龙坑”出水渠

塔虎城传说

公布时间：2009年

级别批次：市级第一批

项目类别：民间文学

保护单位：前郭尔罗斯蒙古族自治县图书馆

塔虎城遗址位于查干湖东北15千米处八郎镇北部，是辽代长春州、金代新泰州的古城遗址。2001年列为全国重点文物保护单位。塔虎城地处松、嫩两江交汇处西侧，地势险要，是辽金时期兵家必争之地。多年来，人们在这里挖掘、整理出了塔虎城系列传说和故事，如《岳云与百灵公主》《金兀术败走塔虎城》《八宝琉璃井》等。

▲塔虎城遗址

孝庄故事

公布时间：2009年
级别批次：市级第一批（增补）
项目类别：民间文学
保护单位：前郭尔罗斯蒙古族自治县图书馆

▲孝庄故事相关书籍

孝庄本名布木布泰，博尔济吉特氏，科尔沁贝勒寨桑之女，清太宗皇太极妃，13岁时嫁给皇太极，被封为永福宫庄妃。其子福临（顺治）登基后，尊庄妃为孝庄皇太后，史称孝庄文皇后。她历清四帝，两次扶持幼主，力主朝政，对清初的稳定与发展功不可没。在前郭尔罗斯草原上，以孝庄人物故事为主线，流传着《巧遇皇太极》《靴子庙》《公主陵》等众多传说。

·县级·

春捺钵的故事

公布时间：2012年
级别批次：县级第三批
项目类别：民间文学
保护单位：前郭尔罗斯蒙古族自治县文化工作总站
（前郭县非物质文化遗产保护中心）

捺钵，契丹语，意为“行营”“行在（指天子所在的地方或天子巡行所到之地）”“营盘”。辽朝虽先后以辽上京和辽中京作为首都，但其政治核心不在首都，而在捺钵，这是因为辽朝的主要民族契丹族为游牧民族，契丹族转徙不定、车马为家的特性，决定了皇帝的巡狩制，一切重大政治问题均在捺钵随时决定，是处理政务的行政中心。因气候、自然条件的制约，四时各有捺钵之地。经考证，辽代的春捺钵地主要分布在查干湖及松花江、嫩江交汇地带，以辽代长春州（今前郭县塔虎城）为中心，关于春捺钵的传说故事在这些地方世代流传。

▲民族歌舞剧《盛世契丹春捺钵》剧照

郭尔罗斯历史人物故事

公布时间：2018年

级别批次：县级第五批

项目类别：民间文学

保护单位：前郭尔罗斯蒙古族自治县文化工作总站

（前郭县非物质文化遗产保护中心）

▲记载郭尔罗斯历史人物故事的历史文献书籍

郭尔罗斯人历来重视史书记载，把郭尔罗斯部落古今史实一一记录留给后人，从金代开始，元、明、清、中华民国，一代又一代扎萨克官印掌管人记录的蒙古族历史珍贵资料，均保存在县档案馆中。“郭尔罗斯历史人物故事”是郭尔罗斯扎萨克官印掌管人的记录和文化人的记载融合在一起的珍贵资料，展现了郭尔罗斯狩猎文化、草原文化和农耕文化，是研究郭尔罗斯蒙古族历史人文的第一手资料。

郭尔罗斯蒙古族民间谚语

公布时间：2012年
级别批次：县级第三批
项目类别：民间文学
保护单位：前郭尔罗斯蒙古族自治县文化工作总站
（前郭县非物质文化遗产保护中心）

蒙古族谚语是蒙古族语言的精华，是智慧和艺术的结晶，它将思想意境寓于简短的语言之中，将深刻的哲理内涵蕴藏在通俗易懂的表述里。蒙古族谚语句式整齐、和谐形象、节奏匀称、押韵上口，句子短小却含蓄、幽默、诙谐，韵味隽永、寓意深刻。蒙古族谚语多以比拟、对偶句式表现，是蒙古族文化宝库中极具表现力的一种独特的艺术形式。

▲《郭尔罗斯蒙古族谚语集》

蒙古人喜欢用谚语传授知识，启迪智慧、净化灵魂、磨炼意志、教育子女、表达爱情、抚慰心灵、抗争逆境，歌颂真、善、美，鞭笞假、丑、恶。了解蒙古族谚语，会更加深刻地了解蒙古族历史、民俗文化特征以及社会结构、道德观念、伦理思想、宗教信仰、民族风情和民族文化内涵。

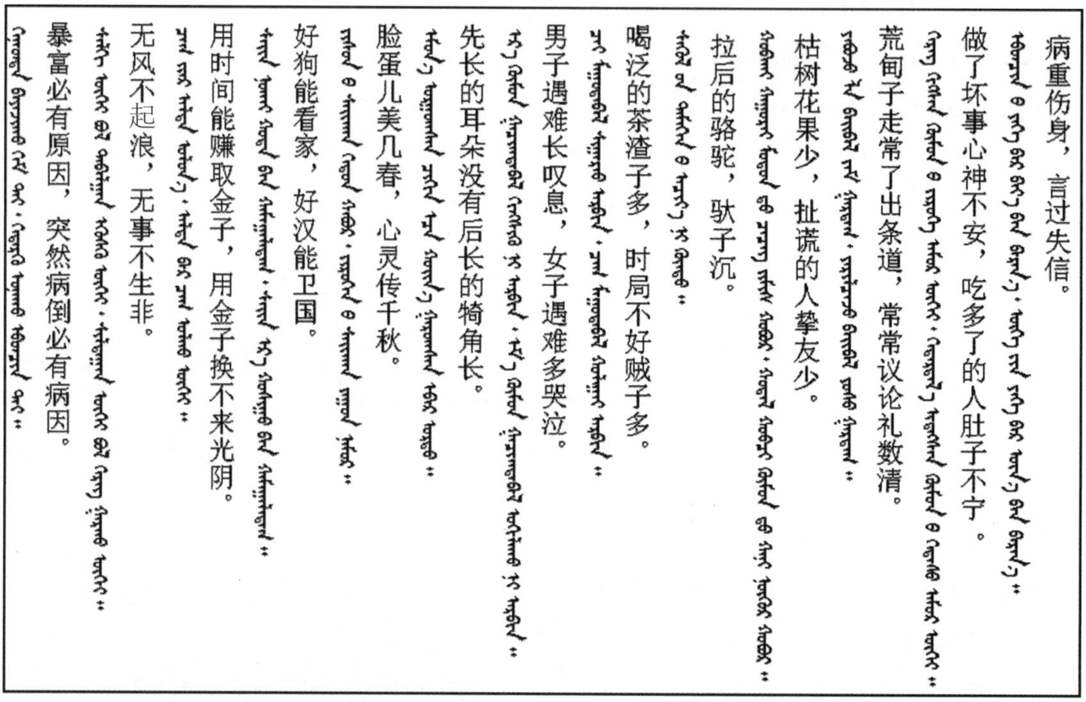

▲蒙古族谚语

蒙古族民谣

公布时间：2012年
级别批次：县级第三批
项目类别：民间文学
保护单位：前郭尔罗斯蒙古族自治县文化工作总站
（前郭县非物质文化遗产保护中心）

▲蒙古族少女在草原演唱郭尔罗斯蒙古族民谣

▲蒙古族青年表演郭尔罗斯蒙古族民谣

民谣是民间流行的赋予民族色彩的故事歌曲，反映了各个时期的社会热点、思想动态，从中折射出的所处时代的生产生活、思想和文化特征，客观反映了当时社会情况。郭尔罗斯蒙古族民谣是生长于郭尔罗斯蒙古族地区并深深植根于民间、富于地方特点和民族特色的文学作品。每首民谣都融入了郭尔罗斯蒙古族的历史、生产生活方式、风俗习惯和宗教信仰。

郭尔罗斯蒙古族民谣音乐语言、曲式结构简洁精练，反映了聚居在郭尔罗斯的蒙古族从游牧到定居、从毡房到土木房屋等生产生活方式的变化和发展。不仅达到形象和意境、人和自然的完全统一，更给人以辽阔、豪放的阳刚之美，情景交融、天人合一的独特意境和神韵。

传统音乐

·国家级·

郭尔罗斯蒙古族民歌

公布时间：2008年
级别批次：国家级第二批
项目类别：传统音乐
项目编号：Ⅱ—105
保护单位：前郭尔罗斯蒙古族自治县草原文化馆

郭尔罗斯蒙古族民歌是指流传于吉林省前郭尔罗斯蒙古族自治县及周边地区蒙古族群众中的民歌形式。前郭尔罗斯蒙古族自治县简称前郭县，是吉林省唯一蒙古族自治县，蒙汉等各族人民长期在这里繁衍生息，创造了灿烂的地域文化和独具特色的民族文化，其中，最具影响、流传最为广泛的就是郭尔罗斯蒙古族民歌。目前，已经搜集到产生和流传在郭尔罗斯的蒙古族民歌共128首。

▲郭尔罗斯民歌代表性传承人关灵月在央视录制节目现场

▶郭尔罗斯蒙古族民歌表演

郭尔罗斯蒙古族民歌是古老郭尔罗斯艺术和优秀民间文化的遗存，是生长于郭尔罗斯蒙古族地区并深深扎根于民间、富于地方特色和民族特色的文学作品。每首民歌都是一首诗，融入了居住在郭尔罗斯蒙古族的斗争历史和经历、生产生活方式、风俗习惯、性格特点、兴趣爱好、宗教信仰。随着世人的传唱，艺人的加工、润饰和提高，郭尔罗斯蒙古族民歌已形成艺术精品。

郭尔罗斯蒙古族民歌是蒙古族文化形态的重要组成部分，一些古老的蒙古族民歌至今仍流传于郭尔罗斯民间。据有关史料考证，《雁》《天上的风》等民歌大约产生在13至15世纪。清朝时期，郭尔罗斯蒙古族人民逐渐由游牧走向农耕，民歌也随之从室外进入室内，“短调”逐渐取代“长调”成为主流。20世纪初至40年代，郭尔罗斯蒙古族民歌蓬勃发展，不仅数量剧增，而且具有了蒙汉合璧、长短调结合的独特风格。

▲郭尔罗斯蒙古族民歌省级代表性传承人王达古拉演唱郭尔罗斯蒙古族民歌

郭尔罗斯蒙古族民歌以其丰富的内容、优美的旋律、精辟的诗句、深情的演唱，直抵人的心灵，深受蒙古族人民的喜爱。在前郭县的文化建设中，郭尔罗斯蒙古族民歌始终保持重要位置。在节庆假日、婚宴嫁娶、生日祝寿等活动中，都要演唱郭尔罗斯蒙古族民歌，这成为郭尔罗斯地域文化的一大亮点。

▲郭尔罗斯蒙古族民歌省级代表性传承人王达古拉在传授唱法　梁亚丽/摄影

▲查干花蒙古族小学老师在进行民歌教学　纪玉贤/摄影

郭尔罗斯蒙古族民歌分为“图林道”和“育林道”两种。“图林道”即雅乐，也称正歌。它是在正式的庄重的场合演唱内容严肃的歌曲。“育林道”即俗乐，也称副歌，是与图林道相对而言的，除在庄严活动的正式场合演唱的歌曲外，郭尔罗斯蒙古族其他民歌都属于育林道。

郭尔罗斯蒙古族民歌，绝大部分是叙事民歌，讲的是蒙古族人民生活中发生的有关人和事。叙事民歌更多关注人的命运，关注人的心灵感受。郭尔罗斯民歌多在真人真事的基础上由民间艺人加工而成，所以绝大多数叙事民歌的歌名都是人名，如《龙梅》《高小姐》《波茹莱》《鹦哥与罗成》等。同时，一首叙事民歌往往因为采集时间不同、演唱者不同，词曲变化也很大，如民歌《龙梅》等就有好几个版本。

郭尔罗斯蒙古族民歌和内蒙古以及其他地区的蒙古族民歌一样，章法严谨，表现手法极为丰富，如比喻，包括直喻、暗喻、借喻。即“比方与物，托事与事”。还有排比、旁描、排序、复唱、衬托等。另外，都以对仗的副段体出现。郭尔罗斯蒙古族民歌中长调极少，短调甚多。这与聚居在郭尔罗斯地区的人们从游牧到定居、从毡房到土木房屋，自然环境、人员结构、风土人情、生产生活方式的变化和发展有关。

▲婚礼上演唱郭尔罗斯蒙古族民歌

◀前郭县民族歌舞传习中心演员表演郭尔罗斯蒙古族民歌联唱

▶2018年查干湖蒙古族民俗文化旅游节上表演郭尔罗斯蒙古族民歌联唱
邵群/摄影

◀蒙古族群众在广场演唱郭尔罗斯蒙古族民歌
徐力范/摄影

蒙古族马头琴音乐

公布时间：2008年
级别批次：国家级第二批（扩展）
项目类别：传统音乐
项目编号：Ⅱ—35
保护单位：前郭尔罗斯蒙古族自治县民族歌舞传习中心（马头琴乐团）

马头琴，一种两弦的弦乐器，因琴首雕饰马头而得名，是蒙古族音乐文化的典型代表。无论它的造型、制作材料，还是它的音质音色、音乐表现风格和演奏方法，都体现着蒙古族的性格内涵，马头琴伴随着蒙古族从草原和历史的远处一路走来，其中承载了丰富的历史文化信息。

▲2019年7月，2 019名马头琴手齐聚查干湖畔，共同奏响《我和我的祖国》（白衣演奏者为马头琴音乐省级代表性传承人赵金宝，二排左为马头琴音乐省级代表性传承人包嘎日迪，二排右为前郭县民族歌舞传习中心马头琴乐团首席演奏员班布尔）

▲2006年9月1日，在前郭尔罗斯蒙古族自治县成立五十周年庆祝大会暨第十七届那达慕大会开幕式上，1 199人齐奏马头琴曲《查干湖》《腾飞的前郭尔罗斯》，通过吉尼斯世界纪录英国总部认定，创造了“规模最大的马头琴齐奏”吉尼斯世界纪录

前郭县高度重视马头琴音乐传承与保护工作，采取切实有效的措施进行推广和普及，取得显著成效。2006年，前郭县被中国民族管弦乐学会命名为“中国马头琴之乡”，同年又被文化部命名为“中国民间文化艺术之乡（马头琴）”，曾三次创造最大规模马头琴齐奏的吉尼斯世界纪录。

马头琴历史悠久，蒙古语称为“莫林胡兀尔”。马头琴的历史沿革世系为火不思—诺门图·火不思—抄兀儿—马头琴。火不思为弹拨乐器。抄兀儿则已改进为弓擦“抄兀儿”即马尾胡琴，最后定型为现今的马头琴。

马头琴是蒙古民族的代表性乐器，具有构造精细、携带方便的特点。早期的马头琴主要担当史诗说唱及民歌的伴奏，随着社会的发展，马头琴进入了艺术的殿堂。演奏时多为坐姿，音箱夹于两腿中间，左手持琴按弦，右手执弓在弦外拉奏。

▲2008年7月15日，前郭县以2 008人马头琴表演的壮观场景，迎接北京奥运会“祥云”火炬的到来。身着蓝、黄、黑、绿、红五种颜色民族服装的2 008名马头琴手共同演奏了《我爱你，前郭尔罗斯》《永恒的圣火》，创造了新的规模最大的马头琴演奏吉尼斯世界纪录

▲2019年7月13日，在美丽的查干湖畔，2 019把马头琴齐奏《我和我的祖国》，向祖国70华诞献礼。演出现场，演奏人员服装、头饰的不同颜色构成醒目的“中国”“1949—2019”字样。这次演出同时创造了新的最大规模马头琴齐奏吉尼斯世界纪录　吴巍/摄影

▲马头琴家族、蒙古族马头琴音乐省级代表性传承人赵金宝（右三）、包嘎日迪（左三）带领家人演奏马头琴　吴巍/摄影

马头琴琴身为木制，长约一米，有两根弦，共鸣箱呈梯形，声音圆润，低回婉转，音量较弱。由于流传地区不同，它的名称、造型、音色和演奏方法也各不相同。“马头琴”这一名称是近几十年才普遍使用的。在内蒙古西部地区称作“呼日金胡尔”“黑力嘎顺胡尔”，而在内蒙古东部叫作“潮尔”。还有“胡兀尔”“胡琴”“马尾胡琴”“弓弦胡琴”等叫法。

前郭县马头琴乐团，是全国第一家马头琴专业团体，成立于2006年9月，拥有高音马头琴、中音马头琴、次中音马头琴、低音马头琴、倍低音马头琴及火不思、扬琴、竹笛等各种演奏人员，曾举办多场马头琴专场音乐会，并曾多次登上央视舞台，是前郭县发展马头琴事业的主打品牌。

▲马头琴乐团在东北电力大学演出现场　吴巍/摄影

▲2018年，在美丽的查干湖畔，中央电视台《美丽中国唱起来》栏目演出现场，前郭县马头琴乐团进行表演　吴巍/摄影

从2002年开始，前郭县将马头琴培训列入蒙古族中小学学生选修课。为了吸引优秀的教师前来任教，前郭县政府拨专款用于马头琴教师引进工作。目前，全县共有33所中小学校开设马头琴教学课程。

▲前郭县蒙古族中学学生练习马头琴　吴巍/摄影

▲前郭县查干花蒙古族中学马头琴音乐教学课堂　吴巍/摄影

▲2016年，前郭尔罗斯蒙古族自治县成立60周年庆祝大会上马头琴方队　吴巍/摄影

马头琴的传统曲目多从民歌中演化而来，可分为5类：原生民歌，如《朱色恋》《八雅铃》；英雄史诗曲牌，如《奔马调》《打仗调》；马步调，即表现马形象的曲调；从民歌发展而来的琴曲，如《荷银花》《莫德烈》等；汉族古老曲调，如《普安咒》《柳青娘》等。

蒙古族四胡音乐

公布时间：2008年

级别批次：国家级第二批（扩展）

项目类别：传统音乐

项目编号：Ⅱ—36

保护单位：前郭尔罗斯蒙古族自治县草原文化馆

四胡又称四弦琴，是蒙古族代表性乐器之一。四胡分为高音、中音、低音三种。经过几代传承，逐步形成郭尔罗斯四胡音乐体系，其中，以苏玛为代表的四胡演奏以独特的“一拇指外侧法”独树一帜，被称为“苏玛演奏法”，除传统演奏技巧外，他还独创弹奏、打音、点音、扣音、扫音、流音、和音、捂音、空弦颤音等技巧。

▲青少年学生练习四胡

▲蒙古族四胡音乐省级代表性传承人齐光指导练习四胡

蒙古族四胡音乐是具有代表性的民族民间艺术，四胡的前身是奚琴。奚是我国契丹时期库莫奚部落，生活在西喇木伦河一带，与古蒙古国同属东胡。到了清代，四胡已成为郭尔罗斯及东蒙地区普及的民间拉弦乐器。

▲著名四胡演奏家苏玛

▲1956年5月，前郭县著名四弦琴演奏家苏玛在第十一届“布拉格之春”国际音乐节上表演

苏玛，著名四胡演奏家，被誉为“一代琴王”，是郭尔罗斯蒙古族四胡音乐的代表人物。1956年，在捷克十一届“布拉格之春”国际音乐节上，苏玛演奏四胡独奏曲深受好评，被誉为“马背音乐”“蒙地神曲”。苏玛演奏法风格独特，技艺精湛，具有强烈的艺术感染力，除传统四弦琴演奏技巧外，独特的技巧主要有“弹奏”“打音”“点音”“扣音”“扫音”“流音”“和音”“捂音”“空弦颤音”等，自成一家，独立一派。

▲蒙古族四胡音乐省级代表性传承人齐光在一代琴王苏玛铜像前留影

▲蒙古族四胡音乐省级代表性传承人齐光在社区指导青少年练习四胡

▲民间艺人表演四胡

四胡形似二胡，弦为四根，是与马头琴享有同等声誉的一种蒙古族民间乐器，由琴筒、琴柄、琴轴、琴弦、千斤、琴弓、琴码七个部分组成。四胡的演奏方法和二胡的大致相同，但在为蒙古族说唱艺术伴奏时，又有所不同，有时用左手中指或无名指从弦下以指甲顶弦来代替按弦，有时还从弦下弹弦，并用弓杆敲击琴筒，增强节奏，渲染气氛，具有鲜明的民族特点。

郭尔罗斯四胡演奏法自成门派，形成郭尔罗斯四胡音乐体系。四胡音乐作品有苏玛的典型曲目《八音》，还有《普德列玛》《乌云参丹》《杜姐》《白虎》《舟金扎布》《江梅》《常斯德喇嘛》《胡日海》《小走马》《归群》等100余首乐曲。郭尔罗斯四胡音乐演奏技术的创新和发展，产生蹄鼓似的“弹音”、电铃般的“打音”、百灵般的“扣音”、清泉般的“点音”、风雨般的“扫音”、瀑布般的“流音”、马头琴般的“和音”，形成美妙的“和弦”效果。

·省级·

潮　尔

公布时间：2011年
级别批次：省级第三批
项目类别：传统音乐
保护单位：前郭尔罗斯蒙古族自治县民族歌舞传习中心（马头琴乐团）

▲潮尔

“潮尔”为蒙古语音译，属马尾胡琴类弓弦乐器，通常被认为马头琴的前身。主要分布在科尔沁草原，其音色浑厚而柔和又略带低沉。潮尔的音箱由羊皮、马皮或蟒皮蒙制，形状有上椭下锐勺形、上窄下宽梯形或上宽下窄倒梯形等。潮尔在元代时期成为宫廷音乐的主要演奏乐器之一。早期的潮尔主要担当史诗说唱及民歌的伴奏。

▲著名艺人青宝演奏潮尔照片

潮尔是蒙古族历史较为悠久的一种弓弦乐器。自古以来，潮尔一直是蒙古族人民群众喜爱的乐器之一，它伴随着蒙古民族走过了1 300多年的历史，已成为蒙古族文化生活中不可缺少的精神伴侣。目前，在丹麦哥本哈根博物馆珍藏着清末的一把前郭尔罗斯王府潮尔和当年艺人青宝演奏潮尔的照片。

艺人演奏潮尔时，通常用坐姿，将琴箱夹于两腿之间，拇指微扶琴杆，由于潮尔音位距离很小，各指都以指尖顶弦。右手执弓，左手食指、中指放在弓杆上，无名指和小指控制弓毛，演奏特点是以指甲从弦侧触弦发音，讲究弓法和指法，所以很适于奏出丰富的泛音，具有鲜明的艺术风格。

▲前郭县草原文化馆包嘎日迪演奏潮尔

早期的潮尔主要担当史诗说唱及民歌的伴奏，一首民歌就是一支潮尔曲，人声起便可琴声和，尤其同蒙古族的“乌尔图道”（长调民歌）相结合，更具草原文化的韵味。随着社会的发展，潮尔及其演变成的马头琴都进入了艺术的殿堂，成为蒙古族音乐文化的典型代表。

▲前郭县草原文化馆朝鲁蒙演奏潮尔

呼　麦

公布时间：2011年
级别批次：省级第三批
项目类别：传统音乐
保护单位：前郭尔罗斯蒙古族自治县民族歌舞传习中心（马头琴乐团）

“呼麦”是一种喉音艺术，按照音乐原理发声，讲究高难度技巧。演唱者利用咽喉、口腔、鼻腔甚至胸腔等部位同时发音，一般能发出两个不同的声部，高低之间甚至能达到六个八度。技术高超的呼麦演唱大师，可以用二声部来演唱徐缓的长调、急速的快板乃至曲调复杂的世界名曲。呼麦是蒙古族独具特色的演唱方式，是蒙古族音乐的瑰宝。

▲前郭县民族歌舞传习中心演员华文晓表演呼麦　吴巍/摄影

“呼麦”运用特殊的声音技巧，一人同时唱出高低多个声部，形成罕见的多声部形态，演唱时首先把声带放松，利用口腔内的空气振动声带产生共鸣，发出基础低音，然后巧妙地调节舌尖的空隙，用一股气息冲击发出高泛音，于是在持续低音的基础上不断产生高音区的曲调。现代一些欧美音乐家已经把“呼麦”运用在各类音乐里，在电子音乐、流行音乐、摇滚乐、爵士乐中都加入“呼麦”技巧，甚至录制成“喉歌”专辑。

“呼麦”又名“浩林·潮尔”，是蒙古族复音唱法“潮尔”的一种高超的演唱形式，也是一种“喉音”艺术。在古蒙古文里，“呼麦”的意思就是“喉咙”。由于“呼麦”能够发出清亮的哨音，常被误认为口技。苏依拉赛汗（苏依拉赛汗是我国著名的蒙古族女呼麦歌手，她的呼麦演唱功夫已经达到了同时演唱 4 个声部的境界。编者注）解释：“呼麦”是古代人受自然启发而创造的独特唱法，绝不是“口技”。它与传统发声方法不同，通常唱歌时发声都是“竖向”的，气流从丹田冲击声带，而“呼麦”的发声是“横向”的，就是要让气流左右冲击喉管。

▲苏依拉赛汗

▲走进央视的郭尔罗斯呼麦组合

蒙古族长调短调

公布时间：2009年
级别批次：省级第二批
项目类别：传统音乐
保护单位：前郭尔罗斯蒙古族自治县民族歌舞传习中心（马头琴乐团）

蒙古族长调、短调是具有游牧文化和地域特征的独特演唱形式。长调，蒙古语称为“乌日汀道”。短调，蒙古语称为“宝古尼道”。在前郭尔罗斯地区，短调流传更为广泛。短调篇幅较短小，曲调紧凑，节奏整齐鲜明，节拍比较固定，装饰音较少，旋律起伏不大，在音韵上广泛运用叠字。短调题材几乎涉及蒙古族社会生活的各个领域。

▲蒙古族少女在郭尔罗斯草原演唱蒙古族长调

▲蒙古族长调短调省级代表性传承人乌日娜在非遗展演上演唱蒙古族长调

蒙古族在悠久的历史长河中，创造了自己辉煌的文明，并以能歌善舞而著称于世。蒙古族长调、短调这一具有游牧文化和地域文化特征的独特演唱形式，以它特有的语言述说着这个民族的历史，演绎着这个民族繁衍生息的足迹。

▲蒙古族长调短调省级代表性传承人新巴雅尔演唱蒙古族长调

长调民歌是反映蒙古族游牧生活的牧歌式体裁，有较大的篇幅，节奏自由，气息宽广，情感深沉，并有独特而细腻的颤音装饰。长调民歌用蒙古语歌唱，其节奏舒缓自由，字少腔长，且因地区不同而风格各异。长调在一些长音的演唱上，可以根据演唱者的情绪自由延长，从旋律风格及唱腔上具有辽阔、豪爽、粗犷的草原民歌特色。

短调民歌：大凡曲调短小、节奏较快，不同于长调民歌的歌曲，统称为短调民歌。与长调民歌明显不同的是，短调民歌篇幅较短小，曲调紧凑，节奏整齐、鲜明，音域相对窄一些。短调民歌主要流行于蒙汉杂居的半农半牧区，演出者往往是即兴歌唱，灵活性很强。其音乐特点为曲调简洁，装饰音较少，旋律线起伏不大，带有鲜明的宣叙调特征。节奏规范多采用单一节拍，曲式多为对称的方整性结构。

▲蒙古族长调短调省级代表性传承人吴水格特演唱蒙古族短调

托布秀尔音乐

公布时间：2016年
级别批次：省级第四批
项目类别：传统音乐
保护单位：松原市蒙古族文化遗产保护协会

托布秀尔，中国北方古代游牧民族中流传的木质短颈拨弦乐器，奏出的声音明亮有穿透力，演奏人数越多，声音越有气势，如山崩海啸般磅礴有力。托布秀尔制作用料考究，杆身和琴身雕刻或涂绘各种精美图案，造型美观。有独奏、齐奏等不同演奏形式，也是呼麦、长调等民族音乐的重要伴奏乐器。

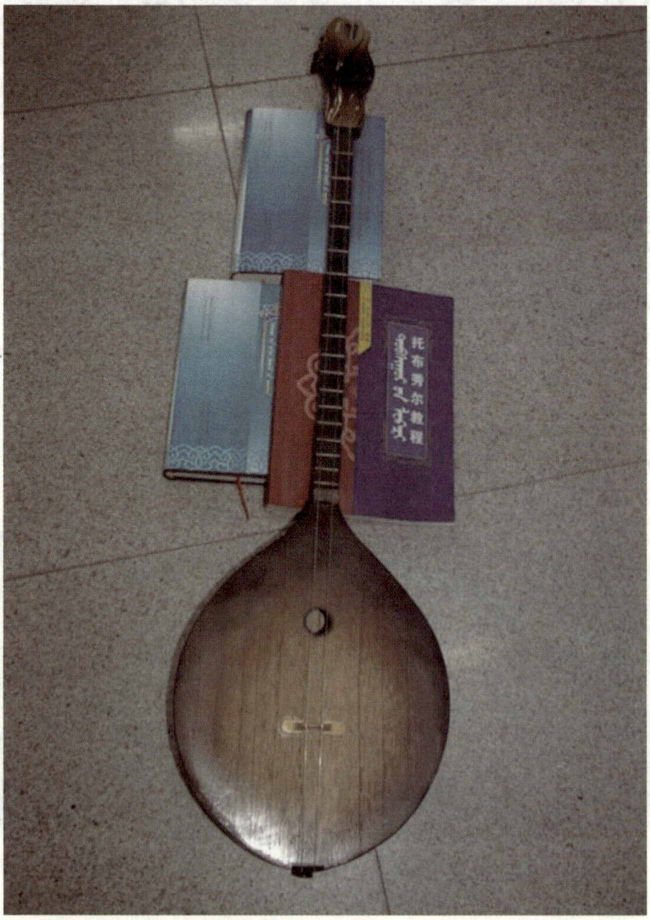

▲托布秀尔及相关书籍

▲托布秀尔舞台演出

托布秀尔是无品弹拨乐器，音色优美浑厚，造型美观。传统的托布秀尔的制作用料考究，工艺极其复杂，整个制作过程皆以手工操作。琴身用胡杨木、樟木、榆木、桑木、松木挖槽而成，上蒙山羊皮，底面有四个圆形共鸣孔。琴杆上细下粗，杆首有2个或3个琴轮分置两侧。全琴长度为80~115厘米，由琴箱、琴杆、琴头、内外轴、内外弦、上下码子等构成。

▲托布秀尔音乐传承人朝格巴特尔在进行教学培训

▲传承人朝格巴特尔与艺人进行艺术交流

托布秀尔音乐是典型的蒙古族艺术表现形式。颤音演奏是最常用的技法之一，其他还有勾、拨、滑、轮等多种演奏技法。托布秀尔的经典曲目很多，主要经典曲目有《江格尔颂》《黑骏马》《萨吾尔登》等。

演奏技巧：初学者必须立坐在椅子上，左腿稍前，右腿稍后，把乐器横放在右侧大腿上，挺胸抬头全身放稳。演奏水平提高到一定程度后，可以自由调换演奏方式，可站立、坐立，把乐器置于身前、身后、头顶、肩上，这也是托布秀尔乐器的特点之一。

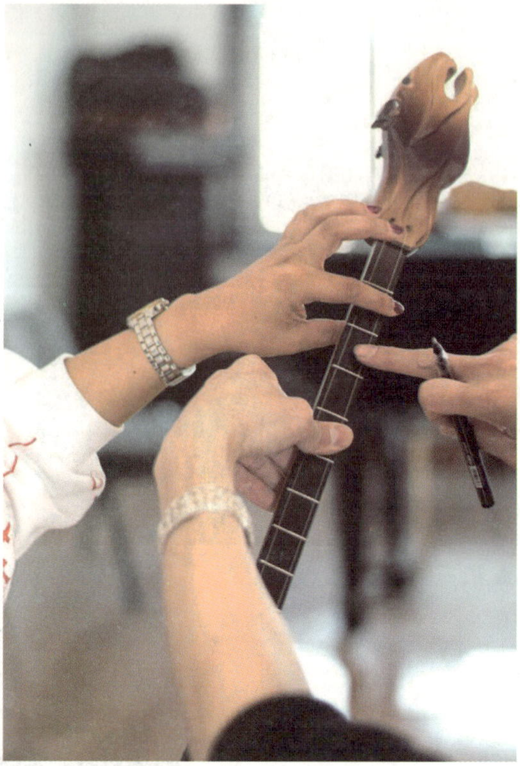

▲研究托布秀尔指法　张晓彦/摄影

▲托布秀尔代表性传承人朝格巴特尔在草原上演奏

·市级·

查玛音乐

公布时间：2018年

级别批次：市级第五批

项目类别：传统音乐

保护单位：前郭尔罗斯蒙古族自治县民族歌舞传习中心（马头琴乐团）

查玛舞音乐吸收了古老舞蹈的曲调，并保存了古老乐器，包括大小鼓、法号、林卜、铙、磬、木鱼、钢朗等祭祀用的打击乐器和吹奏乐器。乐队伴奏是以鼓镲的轰鸣声为基础，当一轮表演完换下一轮时，毕练和甘令才呜呜响，及至全部表演的高潮，喇叭等乐器才奏响。因此，要求音乐伴奏节奏准确，速度稳当。同时，表演者全部带有面具，只能凭借听觉来进行表演。这就要求首席大镲演奏者熟习步战的全部内容和动作要领，以使音乐和表演配合默契。

▲查玛音乐

郭尔罗斯婚礼歌

公布时间：2009年
级别批次：市级第一批（增补）
项目类别：传统音乐
保护单位：前郭尔罗斯蒙古族自治县草原文化馆

蒙古族婚礼的最大特点是“婚礼歌相伴始终”。从某种角度来看，蒙古族婚礼歌是伴随着婚礼场景而演出的一部有完整情节和故事的套曲，它不但记录了婚礼全过程，而且像百科全书一样，全面反映了蒙古族的历史、民俗、社会、信仰以及衣、食、住、行等各个方面，是进行蒙古族文化研究不可多得的口传文化遗产。

▲蒙古族传统婚礼上民歌手演唱《劝嫁歌》　邵群/摄影

郭尔罗斯扎萨克音乐

公布时间：2010年

级别批次：市级第二批

项目类别：传统音乐

保护单位：前郭尔罗斯蒙古族自治县民族歌舞传习中心（马头琴乐团）

扎萨克音乐是元代宫廷音乐的延伸，在蒙古族扎萨克王公贵族府邸中盛行，曲风大气磅礴、庄严典雅，有别于民间音乐。在清朝时，郭尔罗斯王爷府就有宫庭乐队，著名艺人张青宝是王爷府中琴书艺人和宫庭乐队潮尔演奏的大师。被誉为一代琴王的蒙古族著名四胡演奏家苏玛，是郭尔罗斯扎萨克音乐的代表人物。

▲前郭县民族歌舞传习中心演员演奏郭尔罗斯扎萨克音乐

好来宝音乐

公布时间：2009年
级别批次：市级第一批（增补）
项目类别：传统音乐
保护单位：前郭尔罗斯蒙古族自治县草原文化馆

好来宝，是蒙古族民间独特的曲艺形式和说唱形式。融合了蒙古族史诗说唱、神话传说、民间谜语、各类颂词、祭祀音乐，借鉴北方汉族曲艺的艺术精华而产生和发展。与乌力格尔并称为蒙古族民间姊妹艺术。好来宝音乐根据曲目题材和唱词内容确定曲调，较为固定和规整，起伏变化不大。

▲群口好来宝表演

冒顿潮尔音乐

公布时间：2018年
级别批次：市级第五批
项目类别：传统音乐
保护单位：前郭尔罗斯蒙古族自治县民族歌舞传习中心（马头琴乐团）

冒顿潮尔汉称“胡笳”，是一种蒙古族古代民间乐器，距今已有两千多年的历史。它的形状与木笛的相似，长约66厘米（2尺），上面有三个孔，冒顿潮尔音乐的主要特征是声音宽厚，音律动人，发出大自然万物交接之声，有人说它的声音像笛声，还有人说它的声音像呼麦。

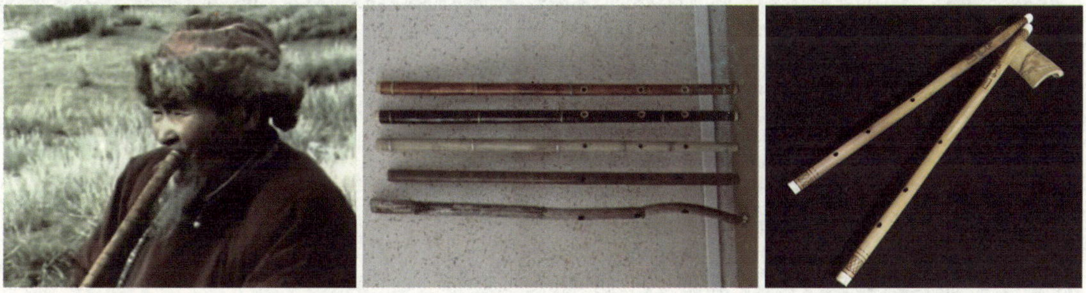

▲冒顿潮尔

民间套曲《折箭同义》

公布时间：2009年
级别批次：市级第一批（增补）
项目类别：传统音乐
保护单位：前郭尔罗斯蒙古族自治县草原文化馆

民间套曲《折箭同义》是前郭尔罗斯著名蒙古族民间艺人张青宝根据手抄本《大元盛世青史演义》的《五箭训子》故事改编。套曲共5首，包括《父汗为镜》《母训子》《额真·哈敦》《盟誓》《铁木真兄弟》。基于乌力格尔的传统曲调，融入好来宝音乐特点，曲调优美动听，叙事性强，富于感染力。

▲民间艺人演奏套曲《折箭同义》

萨满“博”音乐

公布时间：2009年
级别批次：市级第一批（增补）
项目类别：传统音乐
保护单位：前郭尔罗斯蒙古族自治县草原文化馆

流传于郭尔罗斯萨满“博”的行博方式，含祭祀、音乐、舞蹈等综合因素。其音乐范畴分为词彩、曲调、伴奏三个层面。词彩多是“祭天、驱邪”等较为传统的表述；曲调多是数板韵诵体式；伴奏为鼓乐形式，主要是由击打皮鼓的节奏与佩戴的铃、镜等物件撞击声合成。鼓是用鹿皮、羊皮蒙制，“法鞭”是宝剑形的一节藤条。郭尔罗斯萨满“博”音乐，随着“博”活动的发展而不断发展，是蒙古族民间音乐中较为古老、神秘、深奥的艺术遗产。

▲郭尔罗斯萨满“博”正在行博表演

·县级·

恒格勒格音乐

公布时间：2015年
级别批次：县级第四批
项目类别：传统音乐
保护单位：前郭尔罗斯蒙古族自治县民族歌舞传习中心（马头琴乐团）

恒格勒格为蒙古族膜鸣乐器，又称“恒格里”，通称“蒙古鼓”，还称大鼓、军鼓。恒格勒格历史较为悠久，早在成吉思汗时代，已广泛用于宫廷和军旅之中。元代盛行于宫廷和民间。清代用于宫廷卤簿大乐中，多达二十四面。民间用于喜庆节日和歌舞伴奏。今多用于藏传佛教活动。鼓框木制，高15~20厘米，两侧各设一金属小环。鼓身涂朱红、蓝或绿色，绘金色双龙或花纹图案。

▶恒格勒格 廷建/摄影

火不思音乐

公布时间：2015年

级别批次：县级第四批

项目类别：传统音乐

保护单位：前郭尔罗斯蒙古族自治县民族歌舞传习中心（马头琴乐团）

火不思为蒙古族弹拨乐器。元代史籍《元史·礼乐志》载："火不思，制如琵琶，直颈，无品，有小槽，圆腹如半瓶，以皮为面，四弦皮絣，同一孤柱。"元代，火不思已被列入国乐，是经常在宫廷盛大宴会或王室内宴上演奏的乐器。

演奏时，可坐可立，琴身横于身体前，琴首斜向左上方，指法有弹、挑、双弹、双挑、拂、扫、分扫、滚、敲、打、连扫等。可用于弹唱、独奏、合奏或为歌舞伴奏。

▲蒙古族青年弹奏火不思

口弦音乐

公布时间：2015年
级别批次：县级第四批
项目类别：传统音乐
保护单位：前郭尔罗斯蒙古族自治县民族歌舞传习中心
（马头琴乐团）

口弦琴亦称口弦、口簧，铁制拨奏体鸣乐器。蒙古语称为“特木尔·胡尔”。蒙古人素有弹奏口弦的习俗，尤以妇女为甚。明代以来，口弦在蒙古音乐中的作用更加突出，被纳入宫廷乐队。演奏者左手握琴库的根部，将琴簧部分置于口唇之间，右手食指抵住琴库尾部，同时用大拇指拨动琴簧，簧片震动后发出“嗡嗡”的声音。声音靠口腔、唇的开合，呼吸强弱来配合调节音量和音色。

▲吹口弦表演

蒙古族儿歌《波茹莱》

公布时间：2012年

级别批次：县级第三批

项目类别：传统音乐

保护单位：前郭尔罗斯蒙古族自治县民族歌舞传习中心（马头琴乐团）

《波茹莱》是郭尔罗斯著名的摇篮曲，叙事民歌。“波茹莱”是蒙古语中对孩子的昵称，这首歌是姐姐哄弟弟入睡时所唱的一首摇篮曲，曲调舒缓，简洁的旋律像安魂曲，又像是女人在伤情时的轻轻吟唱，婉转中透着淡淡的忧伤。1943年，《波茹莱》由驻扎在郭尔罗斯草原的蒙古骑兵团带入内蒙古西辽河流域，并迅速传遍内蒙古。这首歌在民间得到广泛的传唱，成为许多著名歌手的保留曲目。

▲合唱郭尔罗斯民歌《波茹莱》

雅托噶音乐

公布时间：2015年
级别批次：县级第四批
项目类别：传统音乐
保护单位：前郭尔罗斯蒙古族自治县民族歌舞传习中心（马头琴乐团）

▲蒙古族少女弹奏雅托噶

雅托噶是蒙古族弹拨弦鸣乐器，也称蒙古筝。雅托噶的外型与古筝的相同，但共鸣箱多为一整块厚桐木板挖制成槽形。演奏时，多采用坐姿，将琴平置或琴首置于右腿上。右手拇指、食指、中指戴骨制指甲拨子弹拨琴弦；左手以食指、中指为主，辅以拇指、无名指按弦取音。左手按法有虚、实、空、滑、揉、颤、抹、点等技巧。左手食指也可戴骨制指甲拨子与右手交替弹奏。

▲雅托噶

传统舞蹈

·国家级·

博　舞

公布时间：2014年

级别批次：国家级第四批

项目类别：传统舞蹈

项目编号：Ⅲ—114

保护单位：前郭尔罗斯蒙古族自治县草原文化馆

“博”是科尔沁及郭尔罗斯等地的蒙古人对“萨满”的称谓，其活动称为行博，行博过程中的舞蹈即博舞。博舞主要是独舞，辅之以双人舞和群舞。郭尔罗斯地区的博舞动作以步伐、跳跃、旋转为主。博舞对蒙古族安代舞、盅碗舞等舞蹈艺术有着重要的影响。现在作为宗教仪式的行博活动几乎绝迹，但具有独特艺术魅力的博舞相对完整地保存了下来。

▲查干湖冰雪渔猎文化旅游节开幕式上博舞表演　吴巍/摄影

▲查干湖冰雪渔猎文化旅游节上博舞表演　吴巍/摄影

在行博过程中，主博跳主要的舞蹈，辅博、伴博者或徒弟只是在博处于“神灵”刚刚“附体”的昏迷状态、需要共同赞美神和狂欢的阶段才会跳舞，所以博舞主要是独舞，辅之以双人舞和群舞。

▲松原市蒙古博文化研究会会长包朝格柱（中间蓝衣者）指导排练博舞　吴巍/摄影

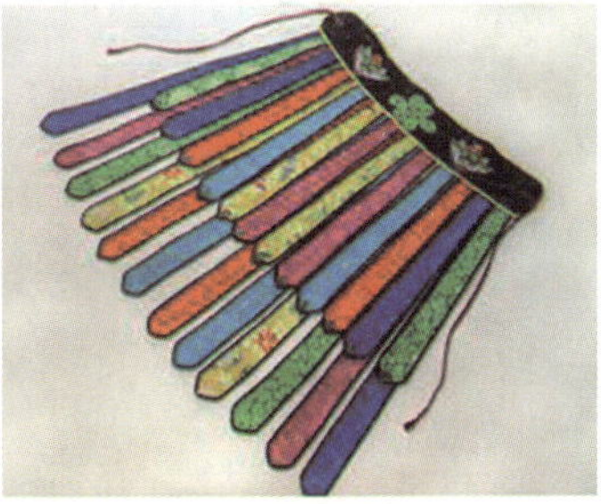

▲博舞表演装备：头冠、“神鼓”“法裙”　吴巍/摄影

郭尔罗斯博舞在传承过程中，对蒙古族那达慕、祭敖包、祭祖、祭湖等传统民俗活动产生深远影响；同时，还被文艺团体改编为群众性的舞蹈和舞台艺术。在蒙古族祭敖包、祭湖等各类大型文体活动中，很多都借鉴了郭尔罗斯萨满博祭祀仪式。

郭尔罗斯萨满“博”舞的服饰、“法器”、用品以及“祭天”的古老程序和祭词、曲调、舞蹈等丰富的内容和形式，是研究古代北方少数民族的历史文化、风俗习惯的重要依据，具有不可替代的特殊价值。

郭尔罗斯萨满“博”祭祀的舞蹈动作，对安代舞等民族舞蹈产生了深远影响。唱腔、曲调更是研究蒙古族民俗文化的丰富素材。博舞大多数是以男性博为主，也有部分博的活动是以女性博为主，其舞蹈结构与男性博所跳的大体相同，但动作和风格方面有所不同。

▲在查干花草原进行博舞表演

·省级·

安代舞

公布时间：2007年
级别批次：省级第一批
项目类别：传统舞蹈
保护单位：前郭尔罗斯蒙古族自治县民族歌舞传习中心（马头琴乐团）

安代舞是源自萨满祭祀活动的舞蹈，民间有起源于郭尔罗斯前旗、发起在库伦的传说。安代舞往往由一人领唱或领舞、众人随歌而舞。舞步以“踏足”“顿足”“甩巾”及自然圆圈队形为特点，承袭着蒙古族古老的“绕树而舞”习俗，动作粗犷、豪放，又不失抒情、优美。特点是“甩巾轻搭肩，起步必踏足，头手随身摆，舞姿爽且美”，表现出蒙古族人民的欢快和喜悦。

▲前郭县民族歌舞传习中心舞蹈演员表演安代舞　吴巍/拍摄

▲前郭县民族歌舞传习中心舞蹈演员表演安代舞　吴巍/拍摄

传统的安代舞按其内容可分为“阿达安代”（治疗魔鬼和妇女相思病）、“乌茹嘎安代”（治疗婚后不孕症）、“包勒格道勒呼安代”（求雨）等。其形式可分为“大安代”（在野外举行）、“小安代”（在室内举行）等。

▲安代舞省级代表性传承人于华指导儿童练习安代舞

传统安代演唱时无器乐伴奏，舞者随歌而舞，歌曲节奏鲜明，舞蹈动作简单。后经历代传承发展，融进蒙古族舞蹈动作和韵律，但仍保留着蒙古族古老的绕树而舞的习俗。前郭尔罗斯的安代舞蹈已从萨满活动演变成广场艺术活动。

▲前郭县民族歌舞传习中心演员教授安代舞　吴巍/摄影

▲安代舞培训班学员练习场景

传统安代的法器是歌手的领舞铃鞭，后来参加者效仿灵鞭的舞动，甩起了手帕、腰带、袍襟以至绸巾，在从传统到近代的过程中，安代舞蹈动作也改变了早期仅以“踏足”“顿足”“甩巾”为主的简单状态，融进了蒙古族舞蹈中肩的动作和韵律，增加了“向前冲跑”“凌空吸腿跳”“双臂抡绸”等。

郭尔罗斯查玛舞

公布时间：2009年
级别批次：省级第二批
项目类别：传统舞蹈
保护单位：前郭尔罗斯蒙古族自治县民族歌舞传习中心
（马头琴乐团）

查玛舞是一种以宗教经传故事为内容的蒙古族面具舞蹈，随藏传佛教传入郭尔罗斯地区，已在郭尔罗斯草原上流传了300多年。查玛舞有殿堂舞、米拉佛传舞、寺院舞、大场舞4种表演形式。舞者头戴假面，分成8组，扮演不同角色。查玛舞不仅祀神，也娱人，是兼有宗教、文化、娱乐性质的风俗舞蹈。

▲2011年前郭县非遗展演上表演查玛舞　吴巍/摄影

“查玛”意为“打鬼”或“跳鬼”之意，引申为驱鬼除魔有功而成神。表演者头戴牛、鹿、鹰等面具登场，以寺庙大号、羊角号、螺号、鼓和大钹等伴奏，道具有兵器、旗幡等。

▲查干湖妙因寺前表演查玛舞　吴巍/摄影

▲查玛舞服饰　吴巍/摄影

元世祖时期，“藏传佛教”传入蒙古族地区。1641年，郭尔罗斯建成第一座寺庙——“德寿寺”。在1658年前后，北京“雍和宫”喇嘛来郭尔罗斯传授“查玛”，制作了面具和道具。1664年，清朝政府拨款建造崇化禧宁寺，将德寿寺会跳查玛的喇嘛连同面具一起迁到崇化禧宁寺，每逢庙会，人们便从四面八方涌向崇化禧宁寺拜佛、看跳查玛，场面宏大，人山人海。

▲成吉思汗“淖尔”祭祀大典上的查玛舞表演

1956年，吉林省举行首届业余文艺汇演。前郭县组织喇嘛表演了查玛。郭尔罗斯查玛由寺庙搬上了舞台，舞蹈动作更加规范，并被命名为“查玛舞”。近年来，前郭县将查玛舞进行了艺术性创编，查玛主题中的宗教意识逐渐淡化，而以伸张正义战胜邪恶的精神，凝聚着民族传统舞蹈艺术精华，在新的历史时期得以保留，并在举办旅游节等节庆活动时进行表演。

▲查干湖冰雪渔猎文化旅游节开幕式上表演查玛舞　吴巍/摄影

郭尔罗斯秧歌

公布时间：2009年
级别批次：省级第二批
项目类别：传统舞蹈
保护单位：前郭尔罗斯蒙古族自治县文化馆
（群众文化艺术活动中心、戏剧创作室）

秧歌是中国北方地区广泛流传的一种极具群众性和代表性的民间舞蹈的类称，不同地区有不同的称谓和风格样式。在吉林民间，秧歌分为两种：高跷秧歌和地秧歌。近代“秧歌”大多指“地秧歌”。秧歌形式有地蹦子、高跷、舞龙、撅杆等。郭尔罗斯秧歌受安代舞、萨满舞、郭尔罗斯民歌及好来宝等蒙古族歌舞艺术影响，在传承发展进程中逐渐形成自己独特的风格。

▲前郭县第36届秧歌汇演上郭尔罗斯秧歌表演

前郭县早期的秧歌，只是春节期间群众自发组织开展的一种娱乐性活动。改革开放以来，前郭县文化建设方兴未艾，秧歌逐渐成为城乡居民广场活动和茶余饭后的健身方式。每年春节期间，前郭县都举办声势浩大的全县秧歌汇演，截至2019年，秧歌汇演已经连续举办了40届。

▲前郭县郭尔罗斯秧歌汇演

每逢重大节日，人们都会自发地组织秧歌表演和比赛。秧歌队的服装，色彩丰富艳丽，多以戏剧服装为主。近年来，秧歌服饰上又出现了蒙古族元素，增添了地方民族特色。

▲郭尔罗斯秧歌表演

▲郭尔罗斯秧歌表演

郭尔罗斯秧歌的特点是稳中浪、浪中梗、梗中翘，踩在板上、扭在腰上；同时，花样繁多的“手中花”，节奏明快富有弹性的鼓点，哏、俏、幽、稳、美的韵律，都是郭尔罗斯秧歌的特色。各种舞蹈中尤以踩高跷、舞龙、舞狮、跑旱船最为著名，这些舞蹈生动活泼，技巧高，造型美，深受群众喜爱。

▲郭尔罗斯秧歌市级代表性传承人王洪军正在辅导社区秧歌队

蒙古族盅碗舞筷子舞

公布时间：2009年

级别批次：省级第二批（增补）

项目类别：传统舞蹈

保护单位：前郭尔罗斯蒙古族自治县民族歌舞传习中心（马头琴乐团）

盅碗舞，是蒙古族“打盅舞”“顶碗舞”结合的舞蹈艺术。表演者双手各持一对盅子，和着乐曲的节拍轻抖双腕，盅子发出细碎、轻脆、银铃般声音，动作以上半身为主。筷子舞表演者手握一把筷子敲打手掌、肩部、腰部、腿部等处，同时肩部耸动，腕部灵活翻绕，敲打声轻脆，节奏欢快。现代往往把筷子的一端穿起来，缀以红绸，从而增强表现力。

▲前郭县民族歌舞传习中心演员表演盅碗舞筷子舞

▲盅碗舞筷子舞省级代表性传承人包淑华表演盅碗舞
徐力范/摄影

盅碗舞作为蒙古族经典舞蹈，起源于古代战争胜利者在庆功宴上伴随歌声击打酒盅助兴动作。演变至今，逐渐发展为手持酒盅、头顶彩碗的舞蹈。表演者手持两个叠在一起的酒盅，使彼此磕碰发出清脆悦耳的声音。同时，舞者头顶5个精美的碗，手、头、脚及整个身体的舞动或缓或急，优美动人，形成别具一格的盅碗舞。

▲前郭县民族歌舞传习中心演员表演盅碗舞　王玉梅/摄影

盅碗舞是娱乐性较强的草原民间舞蹈，亦称打盅子，演出时多用三弦、笛子、四胡、扬琴等乐器伴奏。盅碗舞的特点是肩部动作多。生活在大草原的蒙古族群众骑马、套马、剪羊毛、挤奶、摔跤等动作都要动肩，所以形成盅碗舞的动作多以上半身动作为主。

▲盅碗舞筷子舞省级代表性传承人吴伟丹辅导文艺爱好者练习筷子舞　纪玉贤/摄影

古代蒙古人在战争胜利庆功宴或节日喜宴上，常常互相敲击碗筷以助兴，筷子舞由此产生。表演者两手各握一把筷子，手持筷子的细头，击打筷子的粗头。动作有双手胸前击打筷子，双手腹前交叉击打筷子，一手打肩、一手转圈打击地面和蹲地旋转等多种形式。

▲在查干花草原上表演筷子舞

· 市级 ·

朝鲜族农乐舞

公布时间：2010年

级别批次：市级第二批

项目类别：传统舞蹈

保护单位：前郭尔罗斯蒙古族自治县民族歌舞传习中心（马头琴乐团）

“农乐舞”俗称“农乐”，是一种融音乐、舞蹈、演唱为一体的综合性民族民间艺术。其历史可追溯到古朝鲜时代祭天仪式中的“踩地神”。“农乐舞”一般有两种形式，一种是以舞蹈和哑剧形式进行情节性的演出，另一种是在新年伊始和欢庆丰收时，以热烈而丰富的传统舞蹈为内容进行的群众性表演活动。

▲农乐舞

朝鲜族农乐舞是朝鲜族人民在长期劳动、生活和社会实践中逐渐形成的一种综合性表演艺术，是朝鲜族群众生产生活、节庆活动的重要组成部分。表演时，在小锣的指挥下，由手鼓舞队、长鼓舞队、圆鼓舞队进行表演。舞蹈将朝鲜族特有的耸肩、走陇步等较为粗犷的舞蹈动作有机地统一起来，

▲朝鲜族农乐舞

渔猎舞蹈

公布时间：2009年

级别批次：市级第一批（增补）

项目类别：传统舞蹈

保护单位：前郭尔罗斯蒙古族自治县民族歌舞传习中心（马头琴乐团）

渔猎舞蹈是北方少数民族伴随渔猎生产劳动即兴发挥逐渐形成的群众性舞蹈。辽金时代，郭尔罗斯蒙古人进入此地，蒙古文化与契丹文化、女真文化相互碰撞，形成富于北方民族生活色彩的渔猎舞蹈。渔猎舞蹈有单人舞和多人舞等表现形式。舞姿以模拟凿冰、撒网等捕鱼生产的劳作姿势为基本形式。

▲前郭县民族歌舞传习中心演员表演渔猎舞　廷建/摄影

渔猎舞蹈在郭尔罗斯由来已久，早在郭尔罗斯蒙古族东迁至此，这里便是渔猎生产繁盛的地方。渔猎舞蹈是伴随着渔猎生产出现的民间艺术，艺术地再现了蒙古族捕鱼、行猎的历史场景，富于粗犷奔放的我国北方少数民族舞蹈艺术色彩。

▲前郭县民族歌舞传习中心演员表演渔猎舞

·县级·

沙嘎扎布吉格

公布时间：2018年

级别批次：县级第五批

项目类别：传统舞蹈

保护单位：前郭尔罗斯蒙古族自治县文化工作总站

（前郭县非物质文化遗产保护中心）

沙嘎扎意为“加持”，布吉格意为“舞蹈”。沙嘎扎布吉格流传蒙古高原有数百年历史，公元13世纪藏传佛教进入蒙古高原后，得到当时政权的支持，代替蒙古族萨满教（蒙古博），蒙古博一部分人融入藏传佛教，成为“赖清”。沙嘎扎布吉格是赖清做“法事”时的舞蹈，赖清面向佛坛打坐，手拿铜钹，念诵“达木金”诵。“达木金”诵念读完后，面向门口请“神灵”，跟随唱词和钹乐的节奏，脚踩吉祥舞步前后舞动，钹乐达到高潮时，旁人接过铜钹，赖清开始中指和拇指扣握，首指和无名指加持，在唱词中加持各个骨节，飞速旋转，舞动身躯，动作灵活，节奏欢快。

▶沙嘎扎布吉格

少布布吉格

公布时间：2018年

级别批次：县级第五批

项目类别：传统舞蹈

保护单位：前郭尔罗斯蒙古族自治县文化工作总站

（前郭县非物质文化遗产保护中心）

▲少布布吉格 吴巍/摄影

原始蒙古族萨满文化中，称萨满为博，男性跳博舞，女性跳鹰舞。少布意为鹰，布吉格意为舞蹈，少布布吉格是女性依都干（博的一种）行博时跳的舞蹈。依都干手拿博鼓面向东北或者门口唱神歌，舞蹈特点是跟随鼓乐声和唱腔一步一步深入，舞动身躯，神采飘逸，飞速旋转，博衣法边，荷花绽放，打开双臂，神似雄鹰展翅，好似从森林翱翔蓝天，从草原搏击长空。舞姿铿锵有力，动作大方，用大拇指和中指扣在一起，首指和无名指加持四方，用鹰的神态来描述故事情节。

传统戏剧

·市级·

郭尔罗斯蒙戏

公布时间：2010年
级别批次：市级第二批
项目类别：传统戏剧
保护单位：前郭尔罗斯蒙古族自治县民族歌舞传习中心（马头琴乐团）

蒙戏形成的历史较短，是蒙汉民族艺术相融合形成的一种新的艺术形式。资料显示，蒙戏形成于清朝末年，民国初年得到初步发展，新中国成立后，在党的民族政策大力支持下，蒙戏得到快速发展，改革开放以来，郭尔罗斯蒙戏进入一个新的发展时期，在唱腔音乐上由专曲专用的单曲体，发展为一个剧种中多首民歌的联用，并且吸收了说唱音乐和宗教音乐，这标志着蒙戏走向成熟。

▶蒙戏剧照

拉场戏

公布时间：2009年
级别批次：市级第一批（增补）
项目类别：传统戏剧
保护单位：前郭尔罗斯蒙古族自治县文化馆
（群众文化艺术活动中心、戏剧创作室）

拉场戏属东北地方剧种，是二人转的分支艺术，俗称“小落子”、拉场玩艺儿、蹦蹦戏，又叫秧歌戏、人物戏和东北地方戏。它是用二人转曲调演唱的民间小戏。前郭尔罗斯拉场戏是由东北三省的二人转流动艺人传承过来的。以独幕和多幕的形式出现，将人民群众身边的事以正剧、悲剧、喜剧的形式来加以表现，深得广大观众的喜爱。

▲拉场戏

评　剧

公布时间：2009年
级别批次：市级第一批（增补）
项目类别：传统戏剧
保护单位：前郭尔罗斯蒙古族自治县文化馆
（群众文化艺术活动中心、戏剧创作室）

评剧最早产生于河北滦县一带，吸收了河北梆子、京剧等艺术特点，逐渐发展为有着重大影响的剧种。1953年，郭尔罗斯前旗原业余文工团改制为“郭前旗评剧团”，前郭尔罗斯蒙古族自治县成立后，改称为前郭县评剧团，先后上演百余部传统剧目，如《六月雪斩窦娥》《桃花庵》《花为媒》等。2006年，创作编排的大型评剧《骑兵团的故事》多次巡演，并参加全国第五届评剧节，获得广泛赞誉和好评。

▲评剧《双婚配》剧照

曲艺

·国家级·

乌力格尔

公布时间：2006年
级别批次：国家级第一批
项目类别：曲艺
项目编号：Ⅴ—40
保护单位：前郭尔罗斯蒙古族自治县草原文化馆

乌力格尔是蒙古族曲艺艺术的典型代表，是蒙古族说唱艺术高度发展的产物。“乌力格尔”意为“故事”，引申为“蒙语说书”。乌力格尔是古老萨满神词逐步民俗化的产物，其发展过程中融汇了蒙古族史诗说唱、祝赞词、好来宝、叙事民歌、祭祀音乐以及北方汉族曲艺等各种艺术精华。

▶乌力格尔国家级代表性传承人包朝格柱2019年被评为“吉林好人·最美民族团结之星”“吉林好人标兵”，图为他在发布仪式上表演乌力格尔

在蒙古族民间，将徒口讲说表演而无乐器伴奏的乌力格尔称为“雅巴干乌力格尔”；将使用潮尔伴奏说唱表演的乌力格尔称为“潮仁乌力格尔”；将使用四胡伴奏说唱表演的乌力格尔称为“胡仁乌力格尔”。郭尔罗斯地区的乌力格尔一般为四胡伴奏，一人一琴，自拉自唱。

▲乌力格尔国家级代表性传承人包朝格柱为蒙古族群众表演乌力格尔

▲乌力格尔国家级代表性传承人包朝格柱在蒙古包前为蒙古族群众说唱乌力格尔

乌力格尔艺术的唱腔音乐结构呈现多曲体，以单人坐说、坐唱、不化妆、无身段的形式呈现出来。在整个乌力格尔艺术表演活动中，一件乐器可同时发挥多种功能，达到一物多用的目的，一人在台上扮演多个角色，融男女老幼为一体，时进时退、时快时慢，呈现速度的自由变化。

▲乌力格尔国家级代表性传承人包朝格柱在敖包前为蒙古族群众说唱乌力格尔

◀乌力格尔国家级代表性传承人包朝格柱在乌力格尔培训班上讲课

乌力格尔的语言比较独特，其脱胎于蒙古语地方方言，属于蒙古语科尔沁方言，以彰显方言的语言功能为特色，将说、唱融为一体，先说后唱，唱中有说，博采众长，独树一帜，将俗语、歇后语、谚语等融入乌力格尔中，语言通俗、诙谐，更受大众喜爱，精巧地运用修辞手法，打造出雅俗共赏的艺术效果。

乌力格尔在表演过程中有3种表现技法，即说功、唱功和做功。说功需要艺人吐字清晰，拥有强烈的节奏感，根据内容适当增加一些地方方言、土语或汉语；唱功注重字正腔圆，需要在演唱过程中控制好声音的轻重、缓急、高低、快慢；做功是一种辅助性技艺，艺人凭借眼、身、手、步、法等变化将人物形象淋漓尽致地展现出来，从而达到烘托气氛的目的。

▲2011年包朝格柱在德国北莱茵维斯特法伦艺术科学院金色大殿个人演唱会表演乌力格尔

乌力格尔的艺术积累非常深厚，节目有短篇、中篇和长篇之分，尤以长篇最为吸引人，《镇压蟒古斯的故事》等是其中的经典。题材来源非常广泛，有的源于民间故事，如《太阳姑娘》；有的出自文人或艺人创作，如《青史演义》；有的源于民间叙事诗、叙事民歌，如《嘎达梅林》；有的据现实生活中发生的事件创作，如《红太阳》；还有的从汉族类似形式或文学故事中移植改编而来，如《三国演义》《封神演义》等。

▲乌力格尔国家级代表性传承人包朝格柱正在研究创作

包朝格柱，男，蒙古族，1969年10月5日出生，内蒙古科尔沁左翼中旗人，前郭县草原文化馆馆员。包朝格柱是内蒙古著名乌力格尔艺人关嘎先生的关门弟子，后来又受著名乌力格尔艺人唐森林影响，创造了独特的郭尔罗斯乌力格尔艺术，逐渐形成郭尔罗斯乌力格尔风格。在多年探索与实践中创作多部具有较大影响力的乌力格尔艺术作品，并多次荣获国家级乌力格尔创作、表演大奖，他录制的数十小时乌力格尔被国家社科院、中央民族大学等收藏。还曾应邀在德国北莱茵·维斯特法伦艺术科学院金色大殿表演，向世界展示乌力格尔艺术的魅力。2019年，被评为“吉林好人·最美民族团结之星”“吉林好人标兵”。

·省级·

好来宝

公布时间：2009年
级别批次：省级第二批
项目类别：曲艺
保护单位：前郭尔罗斯蒙古族自治县草原文化馆

“好来宝”系蒙古语译音，意为“连起来唱”，是蒙古族传统的曲艺形式。好来宝以蒙古语进行说唱表演，四胡伴奏，篇幅可长可短，艺人往往即兴现场编词演唱，唱词近似于民歌。表演形式以单口好来宝居多，民间有“一个人，一把琴，一台戏”的说法。此外也有对口好来宝、群口好来宝和好来宝剧等形式。

▲前郭县草原文化馆演员表演对口好来宝

▲前郭县草原文化馆演员表演多人好来宝

好来宝是蒙古族独特的说唱曲艺形式，产生于公元11—12世纪，多在喜庆仪式上演唱，内容可分叙事、嘲讽和赞颂3种。郭尔罗斯民间的好来宝多用四胡伴奏，说唱结合，兼有动作。说唱艺人不仅能拉会唱，而且有触景生情、随编随唱的本领。

▲好来宝省级代表性传承人朝伦巴根讲授好来宝表演技巧　徐力范/摄影

好来宝艺术在前郭尔罗斯源远流长，是古老萨满神词逐步民俗化的产物，融汇了蒙古族史诗说唱、民间谜语、各类颂词、祭祀音乐以及北方汉族曲艺等各种艺术精华而产生和发展的。好来宝音乐变化多样，节奏轻快活泼，唱词朴实优美，语言形象动人。

20世纪初以来，好来宝的表演方式出现多样化。徒口表演的简单形式称为“雅布干”；有乐器伴奏表演的形式，依伴奏乐器的不同，又分为胡琴伴奏的“胡仁好来宝”和多种乐器伴奏的“乃日勒好来宝”。

▲好来宝表演　徐力范/摄影

·市级·

二 人 转

公布时间：2009年

级别批次：市级第一批（增补）

项目类别：传统戏剧

保护单位：前郭尔罗斯蒙古族自治县文化馆

（群众文化艺术活动中心、戏剧创作室）

二人转又称“唱蹦子”，是东北载歌载舞的民间艺术形式之一。它集中反映了东北民歌、民间舞蹈和口头文学的精华。二人转以唱为主，有舞有做又有“说口”，幽默热闹，粗犷泼辣，有浓厚的东北色彩。二人转音乐有九腔十八调七十二嗨嗨之称。表演形式有独立一套程式，主要有毯子功、短打功、台步、跑圆场、踢腿、下腰、起霸、走边、趟马等。

▲前郭县文化馆辅导干部表演二人转

二人转是在东北大秧歌的基础上，吸取了河北的莲花落，并增加了舞蹈、身段、走场等演变而成。二人转最初由男性演员表演，换装成一旦一丑。以后出现女演员，由一男一女演唱。二人转的表演手段，一般用说、唱、舞、扮、绝5个字概括。说指说口，即道白；唱即唱腔唱词；舞即舞姿舞蹈；扮即进入角色；绝指用手绢、扇子等道具作特技表演。

▲二人转表演转手绢

·县级·

笑　嗑

公布时间：2010年
级别批次：县级第二批
项目类别：传统戏剧
保护单位：前郭尔罗斯蒙古族自治县草原文化馆

笑嗑也称笑嗑亚热，起源于20世纪50年代，以说为主，也有学、逗、唱，颇似相声。笑嗑亚热是在继承蒙古族民间艺术幽默讽刺传统的基础上，又吸收相声的一些手法而发展形成的。它融合了几种说唱艺术的特点，具有独特而鲜明的艺术魅力。

▲前郭县草原文化馆文艺工作者表演笑嗑

传统体育、游艺与杂技

·省级·

布　　鲁

公布时间：2016年

级别批次：省级第四批

项目类别：传统体育、游艺与杂技

保护单位：前郭尔罗斯蒙古族自治县全民健身活动中心

（前郭县少年儿童业余体校）

“布鲁”为蒙古语音译，意为“投掷”。“布鲁”在东北民间俗称“涛拉棒”，使用者手持长端，投掷出去，旋转前进，是命中率极高的“武器”。近代，人们已经把布鲁作为一种锻炼身体的运动器具。

▶布鲁市级代表性传承人陈强　纪玉贤/摄影

13世纪以来，“布鲁”一词引申为一种狩猎工具的专用名词。如今，前郭尔罗斯地区已经没有狩猎活动，布鲁逐渐发展为蒙古族群众喜爱的体育项目，以及那达慕上群众广泛参与的比赛项目。布鲁分为投远、投准和重击三种。

▲那达慕布鲁比赛用的布鲁和木桩

投远布鲁，蒙古语称“海木勒布鲁”，主体为扁形，握手处是圆形，主要用于放牧、健身等。

投准布鲁，蒙古语称“图拉嘎布鲁”，通常为圆柱形，柱头包有铅头或箍以铜箍、铁箍，适于狩猎，多用于击打野鸡、野兔等机灵、好动的小动物。

重击布鲁，蒙古语称“吉如根布鲁”，将一种铜铁制成的心状物，用一根长皮条系在布鲁的前端。这种布鲁用力掷出后，可以穿透野兽坚韧的毛皮，直取要害使其殒命。

▲那达慕布鲁比赛现场　纪玉贤/摄影

▲传统的打猎布鲁

郭尔罗斯蒙古族鹿棋

公布时间：2009年

级别批次：省级第二批

项目类别：传统体育、游艺与杂技

保护单位：前郭尔罗斯蒙古族自治县全民健身活动中心（前郭县少年儿童业余体校）

鹿棋，蒙古语称“宝根·吉日格”，是蒙古族传统娱乐项目之一。鹿棋的棋子分为鹿（蒙古语“宝戈”）和狗（蒙古语“脑海”）两种，棋盘上有山（蒙古语“乌拉”）和原（蒙古语“塔拉”）。两人对弈时，一方执2子为鹿方（先走子），另一方执24子为狗方。对战中“鹿跳吃狗，狗围堵鹿”。狗方若能困住鹿方，狗方为胜；若困不住，鹿方为胜。

◀蒙古族鹿棋棋盘
罗立群/摄影

郭尔罗斯的鹿棋棋盘是一个正方形，内各有5条纵横线，斜线6条，交叉成25个点。在中心纵线两端各有一座呈三角形的平顶“原”和呈菱形的尖顶“山”，其内有十字线，也构成几个交叉点。对弈的两个人各执“鹿”或“狗”，形同中国象棋。

▶那达慕大会上鹿棋比赛

鹿棋赛前先摆子，布局是把2个“鹿”摆在两侧的“山”口，把8个“狗”摆在棋盘内中央的8个点。传统的规则主要是：“鹿”可以在整个棋盘上走动，而“狗”只能在大正方的区域走动，不能进“山”。鹿和狗每次只可走一步，可以走直线，也可以走斜线。

◀小棋手在切磋棋艺

梁亚丽/摄影

郭尔罗斯蒙古族扔砣

公布时间：2011年

级别批次：省级第三批

项目类别：传统体育、游艺与杂技

保护单位：前郭尔罗斯蒙古族自治县全民健身活动中心

（前郭县少年儿童业余体校）

扔砣是郭尔罗斯蒙古族民间典型的竞技活动之一，历史悠久，群众参与性强。扔砣，蒙古语原为投掷的意思，13世纪左右就已出现，牧民闲暇时扔石块进行比赛，后来在士兵中推广，用于训练体能、游戏娱乐。

▲那达慕扔砣比赛现场　吴巍/摄影

扔砣游戏在前郭县查干花镇达尔罕村一带流传，每到农闲，大家就聚在一起玩扔砣游戏。砣子用铅制作，形状为半饼状。人数在两人以上，多数不限，分成两伙儿进行对抗赛。游戏时需要一块大的坚硬、平实的场地，场地上挖两个马镫大小的坑，游戏时用一只手把砣尽量扔到对方坑里，扔进或距坑近者获胜。

▲比赛用手丈量砣与坑距离远近　王利群/摄影

▲郭尔罗斯蒙古族扔砣——砣和坑　吴巍/摄影

蒙古族打嘮嘮

公布时间：2011年
级别批次：省级第三批
项目类别：传统体育、游艺与杂技
保护单位：前郭尔罗斯蒙古族自治县全民健身活动中心
（前郭县少年儿童业余体校）

“嘮嘮”即牛髌骨，俗称牛嘎拉哈、牛拐。“打嘮嘮”是蒙古族群众在闲暇时开展的多人游戏。据传说，过去蒙古骑兵作战之余，为了进行体能训练，经常就地取材用木棍和杀牛剩余的髌骨开展比赛，一直流传至今，成为前郭尔罗斯蒙古族青壮年所喜爱的游戏。

▲蒙古族群众正在进行打嘮嘮　吴巍/摄影

打唠唠游戏人数不限，多则10人以上，少则两三人。参与者多为青壮年男子。游戏时，每人手持一根齐胸长棍占据一个土坑，中间为庄家。庄家用力将唠唠挑出，其余人员在守住自己土坑的基础上，将唠唠打回到庄家的土坑，在你来我往过程中还要守住自己的土坑，否则将成为下一个庄家。游戏直到精疲力竭不能再战，则视为失败。

▶蒙古族群众正在进行打唠唠游戏

“打唠唠”游戏人数不限，场地面积要求不高，随时随地可以进行，所以在农牧区流传较广，是蒙古族群众十分喜欢的民间传统游戏。“打唠唠”是一项智慧和体能相结合的传统游艺项目，参赛者不仅需要有机智灵敏的反应能力，还需要有很好的体能。

◀蒙古族群众正在进行打唠唠游戏

蒙古族射箭

公布时间：2009年

级别批次：省级第二批

项目类别：传统体育、游艺与杂技

保护单位：前郭尔罗斯蒙古族自治县全民健身活动中心（前郭县少年儿童业余体校）

射箭，蒙古族男儿三艺之一。13世纪，成吉思汗统一蒙古诸部后，射箭活动得到迅速发展并流传至今。现代射箭比赛一般分静射和骑射两种。静射比赛由射手在固定地点盘弓搭箭射向靶心，射中靶心自行脱落。骑射比赛有4米宽、85米长、0.66米深的一条跑道，设3个靶位，每人每轮射3支箭，共射9支。每轮跑完全程没射完3箭者，被认为最不光彩。

▲蒙古族射箭比赛　王玉梅/摄影

射箭比赛，蒙古语为“苏日哈日布纳”。骑射在辽、金、元时期就十分盛行，当时每逢重大节日便举行各种骑射活动。神射手在草原上享有很高的荣誉，古代勇士名字的后面常加上的“篾儿干”或“麦尔根”“莫日根”，就是神箭手的意思。古代，蒙古族射箭使用的是牛角弓、皮筋弦、木制箭，射程只有一二十米远。

蒙古族射箭有着悠久的历史。古代蒙古族以游牧狩猎为生，同时为了自卫，每个男人甚至妇女从小就练习武艺，骑马射箭。正是这种古代的生活和生存方式，逐渐形成善骑射和尚武习俗，且延续至今，射箭成了具有民族特色的体育活动。

▲牛角弓箭

▲那达慕大会上射箭比赛

▲那达慕大会上射箭比赛　纪玉贤/摄影

▲蒙古族射箭教学　王玉梅/摄影

箭靶是用5种不同颜色涂成的“毡片靶”，靶中心是活的，箭射到中心就会掉下来。还有一种比赛是不设箭靶，从几十米远处射击地面上的目标，目标是堆砌起来的实物，呈塔形，射中目标为胜。

▲箭靶

蒙古族象棋

公布时间：2011年
级别批次：省级第三批
项目类别：传统体育、游艺与杂技
保护单位：前郭尔罗斯蒙古族自治县全民健身活动中心
（前郭县少年儿童业余体校）

蒙古族象棋也称为“喜塔尔”，深受蒙古族群众喜爱，传播范围十分广泛。棋盘由纵横各8条线形成的64个格组成，无河界，满盘可行。对弈双方各有16枚棋子，每方有王（诺彦）、帅（博日斯）各1枚，另有双车、双马、双骆驼和卒8枚。各棋子有规定的行走路线和限定的格数。对弈中，一方的“诺彦”遭对方棋子还击无路可走即为输棋。

▲蒙古族象棋

▶那达慕大会蒙古族象棋比赛

一般认为，“喜塔尔”与国际象棋同出一源，即由古印度的四人棋戏“却图郎卡”演变而来，距今已有两千多年历史。该棋于公元7世纪传入阿拉伯地区，被称为“沙特拉兹”，13世纪，由波斯传入蒙古地区，称作“沙特拉”“喜塔尔”。在15、16世纪时传入欧洲，几经变革，形成现在的国际象棋。在漫长的历史岁月中，“沙特拉”从棋具的设计、制作和名称以及规则等方面，与蒙古族文化传统、生活习俗等融为一体，具有浓郁的草原生活气息。

▲前郭县莜荷芽社区的蒙古族群众在切磋棋艺　王玉梅/摄影

蒙古族象棋的棋盘设计，没有“楚河、汉界”之分，棋子可满盘行走，体现了游牧民族“随水草畜牧”的习俗。棋子不用字标出，而是雕刻成人、车和各种动物形象。规定博弈中不得吃掉对方的“乌努钦呼兀”（可译作“孤卒”或“孤子”），与亘古以来蒙古族“幼子守灶”“不毁人炉灶”的观念相一致。可见，蒙古族象棋处处蕴含着鲜明的草原文化特征。

· 市级 ·

冰嘎游艺

公布时间：2010年
级别批次：县级第二批
项目类别：传统体育、游艺与杂技
保护单位：前郭尔罗斯蒙古族自治县草原文化馆

冰嘎游戏又称打冰嘎、打陀螺。冰嘎也叫冰猴、冰尜，木制，圆形尖底，底部嵌铁钉或圆铁珠，中间有一圈凹刻。玩时，把缨鞭绕在凹刻处，放在冰上一甩，并不时抽打，冰嘎便飞转起来。

冰嘎是北方冬季一种常见的冰上游戏。冰嘎和陀螺形状上基本相似，只是冰嘎的活动场所是在冰上。冰嘎游戏规则比较简单，主要是比较谁的冰嘎转动时间长，除了抽打的技巧，冰嘎的转动时间在很大程度上还取决于冰嘎本身制作的精巧度。

▲冰嘎游戏

搏克（蒙古式摔跤）

公布时间：2009年
级别批次：市级第一批（增补）
项目类别：传统体育、游艺与杂技
保护单位：前郭尔罗斯蒙古族自治县全民健身活动中心
（前郭县少年儿童业余体校）

搏克，蒙古语音译，意为“摔跤”，蒙古族男儿“三艺”之一，是蒙古族群众特别喜爱的一种体育活动，蒙古族摔跤比赛的方法和技巧，与汉族的摔跤、日本的相扑不同。蒙古族摔跤手进行比赛时，穿戴特制的摔跤衣裤，蒙古语称“昭德格”。著名的摔跤手的脖子带“江嘎”（也音译为“将阿”）。“江嘎”标志着获得过的名次，名次越多，彩条就越多。

▲那达慕大会上搏克比赛

搏克是目前世界上流行的各种摔跤活动中完整保持古老民族特色的一种直接对抗型竞技体育项目，有其独特的服饰、规则和技法，是融对抗性、竞争性、友谊性、群众性为一体的体育项目。比赛时，穿戴特制的摔跤衣裤，脚蹬“香牛皮”蒙古靴或布制的“马海”绣花靴，腰缠一宽皮带或绸腰带，不戴帽子，入场模仿鹰的动作，腰微前伏，两臂上下舞动，跃入场内。

▲那达慕大会上搏克比赛

比赛开始前，双方摔跤手由各自的助手协助穿戴装束，而后两手扶撑在左右两名单腿跪坐的助手肩膀上作微蹲状，准备出场。歌手演唱邀请摔跤手的长歌，蒙古语叫作“搏克乌日纳”。歌手唱完歌把摔跤手头上的帽子拿下来，摔跤手就一跃而出，比赛开始。比赛技巧很多，由拉、扯、捉、压、推等13个基本技巧演变出百余种动作，只要一方的手或身体着地即输。得胜后，要把摔倒的对手扶起来，由裁判举起胜者右手。比赛采取单淘汰法，败阵的摔跤手不再出场。

▲那达慕大会上搏克比赛

蒙古族纸牌

公布时间：2010年

级别批次：市级第二批

项目类别：传统体育、游艺与杂技

保护单位：前郭尔罗斯蒙古族自治县草原文化馆

纸牌游戏发展与我国历史上最古老的博戏有着重要关联，因为牌面只有树叶大小，被称为“叶子戏”。千百年来，“叶子戏”在北方民间广为流行。如今，前郭尔罗斯蒙古族聚居地的纸牌有不同的玩法，可以一人用于摆对，两人对玩，三人分玩，更多的是四个人围坐而乐。

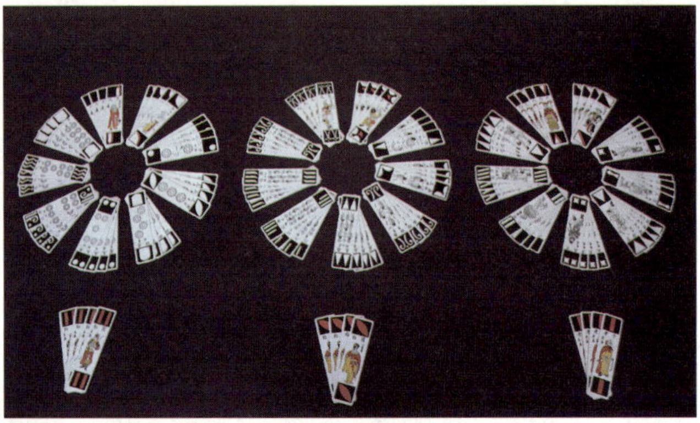

▲蒙古族纸牌　罗立群/摄影

▲蒙古族纸牌　梁亚丽/摄影

据《辽史·穆宗本纪》记载，辽穆宗经常与群臣一起玩“叶子戏”。辽以后，“叶子戏”在北方民间广为流行。元代时期，这一游戏传入欧洲，“叶子戏”被多数中外学者认为是桥牌的先祖，麻将也是由“叶子戏”到“马吊”逐渐演变而来。

秋千跳板

公布时间：2009年

级别批次：市级第一批（增补）

项目类别：传统体育、游艺与杂技

保护单位：前郭尔罗斯蒙古族自治县全民健身活动中心
（前郭县少年儿童业余体校）

秋千、跳板都是中国北方少数民族创造的体育运动。在前郭尔罗斯朝鲜族聚居的鲜丰、灯笼山等村屯，秋千和跳板是群众喜爱的传统体育活动。秋千分单人荡和双人荡两种。跳板活动时，两边各站一人，一方用脚使劲踏板，另一方借力向上腾空跳起，而靠下落的重力把对方弹向空中，如此反复一跳一落，逐渐增加高度。

▲荡秋千和跳板比赛

▲秋千

秋千，亦称“半仙之戏”“悠迁”，朝鲜语称为“革捏”。每逢端午节，朝鲜族妇女都要穿上漂亮的衣裙，聚集在一起荡秋千。体育竞赛时多为单人秋千，竞赛方式有3种：摘取目标，即以秋千架前方一定高度的固定物为目标，以脚踢或嘴叼决定胜败；晃动目标，即在秋千架前方的一定高度上吊系着铜铃，荡秋千的人用脚踢响铜铃，不断升高铜铃，踢到最高者为胜方；荡争高度，是以系在秋千踏板上的米尺测定高度来决定名次的。

跳板在朝鲜族地区有着悠久的历史，是朝鲜族群众喜爱的传统民族体育活动。跳板比赛以两人为一组，跳板一般长5~6米，宽约40厘米，厚约5厘米。跳板动作有直跳、屈腿跳、剪子跳、旋转跳，现在跳板动作又有新发展，如腾空跳起后套花环、空中翻滚等。

▲跳板比赛

“沙哈”游戏（欻嘎拉哈）

公布时间：2009年
级别批次：市级第一批（增补）
项目类别：传统体育、游艺与杂技
保护单位：前郭尔罗斯蒙古族自治县全民健身活动中心
（前郭县少年儿童业余体校）

“沙哈”系蒙古语音译，东北地区俗称“嘎拉哈”，是满语、锡伯语、鄂温克语、达斡尔语“嘎尔出哈”的音译。羊、猪、鹿等动物腿骨间块状的一个关节骨，学名为“髌骨”，又称“距骨”，许多地方也称为羊拐、羊拐骨、髀骨、髀石，四个不同的表面分别称为坑儿、背儿、珍儿、轮儿。

▲“沙哈”游戏　邵群/摄影

“沙哈”游戏也称为“欻嘎拉哈”，通常在居民家的炕上或其他较为平坦的地方举行。为了美观和游戏的需要，有的还将“沙哈”染成红、绿、紫、黄等不同颜色。“沙哈”游戏有多种形式，有团体赛、个人赛，较常见的玩法主要有弹、抓两种。蒙古族“沙哈”游戏多用羊嘎拉哈。

▲“沙哈”游戏　梁亚丽/摄影

►“沙哈”　梁亚丽/摄影

速度赛马

公布时间：2009年
级别批次：市级第一批（增补）
项目类别：传统体育、游艺与杂技
保护单位：前郭尔罗斯蒙古族自治县全民健身活动中心
（前郭县少年儿童业余体校）

蒙古族赛马一般有走马、跑马、颠马等3种方式。其中，跑马主要比赛速度和耐力，在规定赛程中先到达终点者为胜。赛马不配鞍具，光脊骑乘，以便减轻马的负重。前郭尔罗斯那达慕赛马比赛，一般为单一的跑马比赛，即速度赛马。

▲那达慕大会上速度赛马比赛

▲那达慕大会速度赛马比赛

速度赛马，也称快马赛，是那达慕大会上最引人注目的比赛项目之一。参加的人数少则几十人，多则上百人乃至几百人。快马赛主要比马的速度，一般为直线赛跑，赛程为10千米、20千米、30千米，也有短距离的速度赛马。近年来，前郭尔罗斯速度赛马一般分为5 000米和10 000米两种距离的赛程，有直线跑道和圆形跑道两种。

·县级·

陈式太极拳

公布时间：2018年
级别批次：县级第五批
项目类别：传统体育、游艺与杂技
保护单位：前郭尔罗斯蒙古族自治县全民健身活动中心
（前郭县少年儿童业余体校）

陈式太极拳有陈式老架、陈氏新架之分。老架由清初河南温县陈家沟陈王廷所创。道光咸丰年间，陈王廷第五代弟子陈有本去掉老架中的一些难度动作，编成陈式新架太极拳，其弟子陈青萍又在陈有本拳架基础上创编成另一拳架套路——“赵堡架”。陈式老架拳与新架拳主要区别在于老架拳弧形绕转圈较大，新架拳圈较小。松原地区流传的陈氏太极拳属于老架。

▲陈式太极拳传承人指导学生练习

传统儿童游艺

公布时间：2012年
级别批次：县级第三批
项目类别：传统体育、游艺与杂技
保护单位：前郭尔罗斯蒙古族自治县全民健身活动中心
（前郭县少年儿童业余体校）

蒙古族传统游艺是儿童进行全面发展教育的重要形式，分为三种：知识型游艺，如采集植物、识字游戏等；智力型游艺，如吉日格、蒙古象棋、帕尔吉、羊拐游戏等；语言类游艺，如说九九、谐谑词、猜谜语、绕口令、顺口溜、对口令等。

▲蒙古族儿童下棋游艺

郭尔罗斯民间棋弈

公布时间：2012年
级别批次：县级第三批
项目类别：传统体育、游艺与杂技
保护单位：前郭尔罗斯蒙古族自治县全民健身活动中心
（前郭县少年儿童业余体校）

郭尔罗斯民间棋弈是一种小巧方便、随时随地可以对弈的民间游戏。棋盘、棋子一般就地取材而成，或在大石头上，或随处找一小块空地儿，两个对家席地而坐，划地为棋盘，再找些小石头或小瓦片当棋子，即可开始对弈。郭尔罗斯民间棋弈分为蒙古族鹿棋、吉日格、大鞭杆棋、五道棋等。

▲郭尔罗斯民间棋弈

传统美术

·省级·

郭尔罗斯布艺

公布时间：2016年
级别批次：省级第四批
项目类别：传统美术
保护单位：前郭县鼎润文化民族事业发展有限公司

布艺主要以布为原料，经过艺术加工，以满足人们的审美需求，是集民间剪纸、刺绣、制作工艺于一体的综合艺术。蒙古族人在生活中很喜欢布艺，布艺应用范围较广，主要用在服装、鞋帽、床帐、挂包、背包和其他小件（如头巾、香袋等）等。郭尔罗斯布艺融合了汉、满等其他民族布艺的精髓，风格独特，自成一派。

▲郭尔罗斯布艺部分工具及成品展示　刘跃红/摄影

▲郭尔罗斯布艺传承人徐卉（中）传授技艺 张晓彦/摄影

布饰工艺在蒙古族民间流传已久，在蒙古族的衣、食、住、行中使用非常普遍。郭尔罗斯布艺受到满、汉、锡伯等民族的民族文化影响，内容丰富、内涵深刻，自然而不造作、朴实而无虚饰，构图严谨多变，题材丰富多彩，每件布艺制品既是日常生活用品，更是一件富有装饰性的艺术品。

前郭尔罗斯的布饰工艺主要有绣花、挑花、贴花等样式。绣花针法很多，包含铺针、平针、散针、打子，布艺套扣、盘金、辫绣、锁绣等。挑花又称十字绣，要求严格地按照面料经纬纹路、挑绣等距离进行刺绣，以排列成各种花纹图案。贴花是用小块的不同颜色布料拼接而成各种图案的刺绣手法，又称“补花”。

▲民间艺人制作的布饰编织坐垫

如今，布艺饰品在传承传统技艺的基础上，融合了现代时尚元素，满足现代人们的审美需求，具有较高的艺术价值和欣赏价值。

▲粘花方法制作的作品 刘跃红/摄影

郭尔罗斯剪纸

公布时间：2011年
级别批次：省级第三批
项目类别：传统美术
保护单位：前郭尔罗斯蒙古族自治县文化工作总站
（前郭县非物质文化遗产保护中心）

郭尔罗斯剪纸，风格单纯而质朴，古拙而健美，富有草原乡土情趣。表现手法注重大的轮廓，造型简练，拙中见巧，剪、刺相兼，别具一格。经过民间艺人的世代传承，郭尔罗斯剪纸成为吉林省剪纸艺术的重要组成部分。

▲郭尔罗斯剪纸《祭敖包》《祭火》 刘跃红/摄影

▲郭尔罗斯剪纸省级代表性传承人李艳玲传授技艺

郭尔罗斯剪纸，风格单纯质朴，富有草原气息。盘肠、卷草、花鸟和云卷等剪纸，常常用于服装、靴子和毡绣门帘贴花的刺绣底样。在春节等重大节日期间，艺人用各色彩纸刻出满满的图案纹样，各种人物、动物、吉祥字，烘托节日氛围，渲染节日气氛。

▲郭尔罗斯剪纸培训班教学成果展示　田立勋/摄影

郭尔罗斯蒙古族剪纸艺术是北方游牧民族在生产生活中逐渐形成的、在各种纸质材料上镂刻透空的艺术语言。在郭尔罗斯蒙古族村落，人们一直保留着剪纸传统，由于多民族互相杂居，彼此之间相互交融，互相借鉴，取长补短，形成风格各异、富含地方特色的剪纸艺术。

▲郭尔罗斯剪纸《骏马图》

蒙古文书法

公布时间：2016年
级别批次：省级第四批
项目类别：传统美术
保护单位：松原市蒙古族文化遗产保护协会

蒙古文书法包括楷书、行书、草书等多种书写体。郭尔罗斯蒙古文书法是一种多元文化的体现，是中华民族文化重要组成部分。

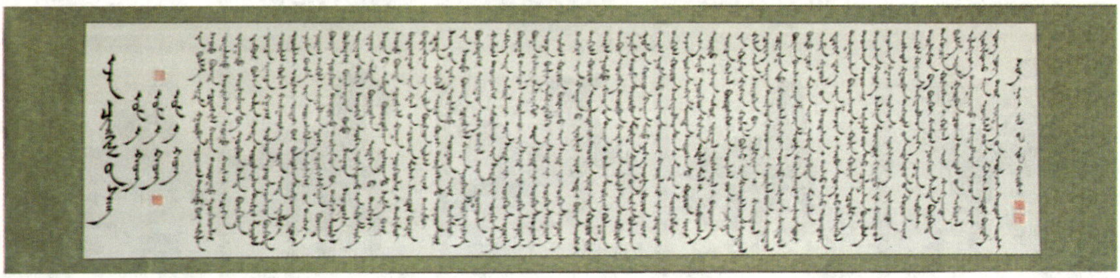

▲蒙古文书法作品

◀查干花蒙古族小学蒙文书法课上学生展示作品 吴巍/摄影

自蒙古文字诞生起，便形成使用软笔（毛笔）、硬笔（竹笔、羽翎、骨签）两种工具书写蒙古文的书法艺术。这从成吉思汗时期到元、明、清以及中华民国历代流传下来的手抄品、木版、石版印刷品、碑刻、印鉴、匾额等文物或用品中可以得到印证。

▲正在书写蒙古文对联　吴巍/摄影

▲书写查干萨日对联

郭尔罗斯蒙古文书法是一种多元文化的体现，是郭尔罗斯部落在漫长的游牧迁徙以及逐渐定居过程中，与多民族相互交流、多种文化相互碰撞融合而形成的一种独具风格的地域性民族文化艺术，有着鲜明的地域性和丰富的多元性。

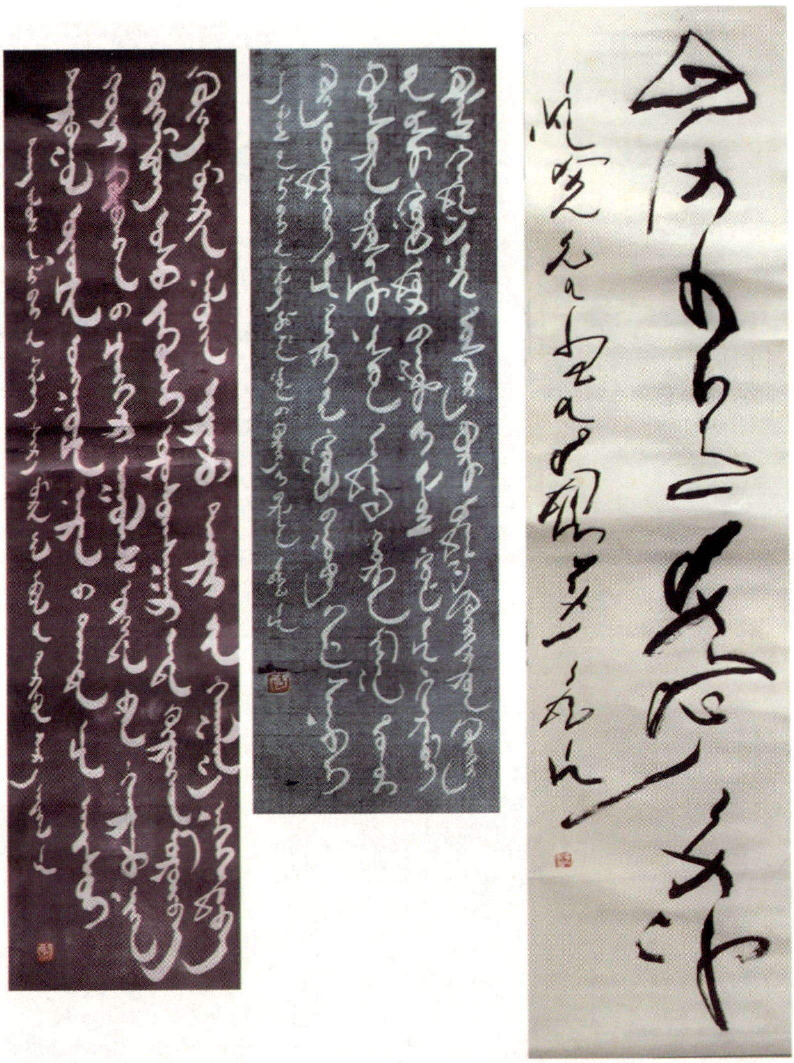

▲蒙古文书法作品

蒙古族枕头顶刺绣

公布时间：2009年

级别批次：省级第二批

项目类别：传统美术

保护单位：前郭尔罗斯蒙古族自治县草原文化馆

枕头顶俗称“枕头堵”，以绣着吉祥纹样的枕头顶绣片作为装饰。郭尔罗斯的蒙古族枕头顶刺绣，吸收了汉、满等其他民族刺绣的精湛技艺，制作精美、风格独特。图形内容喜用花、鸟、鱼、虫、飞禽、走兽、人、马、牛、羊、十二生肖、植物等，多采用平绣。

▲蒙古族传统刺绣枕头顶　吴巍/摄影

蒙古族枕头顶刺绣方法通常有缠绕、直刺、刻绣、暗缝、摹绣等多种方式，刺绣图案的内容、大小及颜色，因枕头使用者的年龄、性别及喜好而异，一般由子女双全的年长者为新婚夫妇刺绣赠送。主要有犄纹、鸟兽、五畜、各种花卉、哈木尔（如意或云头）以及各种几何图形纹样等图案，种类繁多、色彩丰富。

▲蒙古族枕头顶刺绣流程　吴巍/摄影

乌力吉将嘎

公布时间：2011年
级别批次：省级第三批
项目类别：传统美术
保护单位：前郭尔罗斯蒙古族自治县文化工作总站
（前郭县非物质文化遗产保护中心）

乌力吉将嘎，即绳编。蒙古族妇女以一双巧手，通过穿、缠、绕、挑、抽、扭等工艺流程，巧妙地编出生动的作品。这些作品有的写实，有的传神；有的栩栩如生、惟妙惟肖；有的寓意深刻、美轮美奂，具有浓郁的民族特色和地域特点。乌力吉将嘎是纯手工形式制作，其形态无定式，每位制作者都有各自的风格。

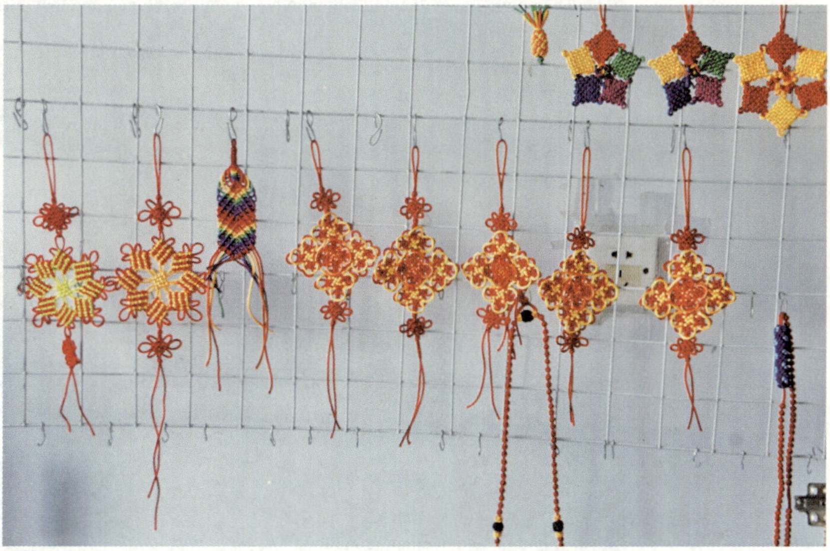

▶乌力吉将嘎作品
——平安吉祥结

乌力吉将嘎所用的材料，过去以毛线、麻绳为主，现在多用尼龙线、彩线。创作完全依靠双手巧妙编结，针、锥和剪刀等工具只起辅助性作用。编结程序、作品造型、使用原料等没有固定标准，艺人在制作过程中根据自身艺术修养、鉴赏能力以及生活经历，依赖自己的审美观点和文化内涵进行创作。

▲乌力吉将嘎作品——丰收

▲乌力吉将嘎省级代表性传承人包淑艳正在编织作品

·市级·

蒙古族刺绣

公布时间：2010年
级别批次：市级第二批
项目类别：传统美术
保护单位：松原市乌银民族服饰有限公司

蒙古族刺绣是蒙古族人民在长期生产生活中形成的一种手工技艺，以凝重质朴见长，大面料的贴花方法、粗犷匀称的针法、鲜明的对比色彩，给人以饱满充实之感。蒙古族刺绣不但可以在软面料上绣花，而且还可以用驼绒线、牛筋等在羊毛毡、皮靴等硬面料上刺绣。

蒙古族刺绣首先要有“花样子”，“花样子”多来自剪纸、剪皮、剪布。郭尔罗斯蒙古族刺绣常见的有3种：绣花，即“花刺敖由乎”，在布或绸料、绒料上刺绣各种花卉图案；贴花，即“花刺聂那”，用各种皮料、布料、绒料运用剪纸方式剪成各种花卉或图案，贴在布、毯、皮上，锁边缝制而成；缉花，即“套格其乎”，一般男靴、衣服、鞍鞯等不需要艳丽的花纹，但又要有一点简单的装饰，常用缉花的办法，一针一针地缝缉而成。这种缉花，既朴素庄重，又美观耐用。

·县级·

查干湖鱼骨画

公布时间：2019年

级别批次：县级第五批（增补）

项目类别：传统美术

保护单位：前郭尔罗斯蒙古族自治县文化工作总站

（前郭县非物质文化遗产保护中心）

查干湖鱼骨画主要是利用查干湖野生鱼骨作为原料，经过精心加工和处理，并通过巧妙的艺术构思合理搭配而成。在遵循古法技艺的基础上，融入了地域元素，画面明快、飘逸、立体感强，具有较高的文化艺术品位和感染力，是旅游纪念、艺术收藏、馈赠亲朋之佳品。

▲查干湖鱼骨画

查干湖鱼皮画

公布时间：2018年
级别批次：县级第五批
项目类别：传统美术
保护单位：前郭尔罗斯蒙古族自治县文化工作总站
（前郭县非物质文化遗产保护中心）

查干湖鱼皮画是利用查干湖的野生鱼，对鱼皮进行加工处理后，进行裁剪缝绣做画。从早期祭湖的萨满图腾到现代生活中的各种饰品挂件都具有较强的地域文化特点和独特的制作工艺。

▲查干湖鱼皮画

关东木版画

公布时间：2012年

级别批次：县级第三批

项目类别：传统美术

保护单位：前郭尔罗斯蒙古族自治县文化工作总站
（前郭县非物质文化遗产保护中心）

中国民间木版画历史，同中国印刷术的发明和利用基本上是同步而行。清朝末期，“闯关东”浪潮迭起，意味着中原文化向关东地区大规模挺进，文化交流也进入一个新阶段。木版画也是这个时期流入郭尔罗斯地区，与当地文化相交融形成具有地域特色的关东木版画。

▲关东木版画

郭尔罗斯纸艺

公布时间：2018年
级别批次：县级第五批
项目类别：传统美术
保护单位：前郭县鼎润文化民族事业发展有限公司

郭尔罗斯纸艺的类型很多，有形态逼真的手工纸艺花，有质感突出的立体画，还有雅致细腻宛如蕾丝图案的帕吉门纸画。纸艺作品因所选用的纸不同而有所不同。纸艺能够给人以充分的自由想象空间，让思维天马行空。

▲郭尔罗斯纸艺

▲蒙古族纸雕　纪玉贤/摄影

秸秆画

公布时间：2015年

级别批次：县级第四批

项目类别：传统美术

保护单位：前郭尔罗斯蒙古族自治县文化工作总站

（前郭县非物质文化遗产保护中心）

秸秆画是中国传统草编工艺派生出的新的民间工艺形式，以玉米秸秆上的叶、硬皮、穰、根和玉米骨等为主要材料，利用剪刀、锉刀、改锥、烙铁等简单工具加工而成。秸秆画其制作工序十分复杂，整个制作工序全凭手工完成。

▶秸秆画

蒙古族民间图案彩绘

公布时间：2018年
级别批次：县级第五批
项目类别：传统美术
保护单位：前郭尔罗斯蒙古族自治县文化工作总站
（前郭县非物质文化遗产保护中心）

蒙古族民间图案彩绘技艺是历经千年的文化积淀而形成的。作为蒙古民族特有的视觉符号，它无处不散发着浓郁的民族气息，绽放着绚丽的色彩。蒙古族图案彩绘过程分墙面处理、打底稿、配涂料、上色，原料多用天然材料。

▲蒙古族民间图案彩绘

▲寺庙藏经阁博古架上的蒙古族图案彩绘

蒙古族的民间图案运用范围十分广泛，生活中的每个角落几乎都有图案的存在，深刻反映出蒙古族人民对生活的热爱，充分体现了广大蒙古族人民的艺术创造力。由于蒙古地区丰富的宗教资源和悠久的历史，蒙古族图案彩绘忠实地记录着宗教故事和历史传说。

羊毛毡烫画

公布时间：2018年
级别批次：县级第五批
项目类别：传统美术
保护单位：前郭县鼎润文化民族事业发展有限公司

▲羊毛毡烫画

羊毛毡烫画是在羊毛毡上进行的烙画，是烙画的一种新的表现形式。它吸取了烙画的烙制经验，不仅有中国画的勾、勒、点、染、擦、白描等手法，还可以烙出丰富的层次与色调，具有较强的立体感，酷似棕色素描。

传统技艺

·国家级·

马头琴制作技艺

公布时间：2011年
级别批次：国家级第三批（扩展）
项目类别：传统技艺
项目编号：Ⅷ—124
保护单位：前郭尔罗斯蒙古族自治县文化工作总站
（前郭县非物质文化遗产保护中心）

▲民族乐器制作技艺（马头琴制作技艺）省级代表性传承人白苏古郎

马头琴制作程序复杂，选料考究，每把琴都是靠手工精雕细刻而成。琴身木制，琴头用雕刻的马头装饰。共鸣箱扁平呈梯形，以马皮或羊皮蒙面，面上绘有图案。琴杆上部左、右两侧各安一弦轴，琴弦以马尾做成（现代多用尼龙丝）。2008年7月，郭尔罗斯民族乐器厂设计制作的“奥运马头琴”赠给国家奥组委并获珍藏。

▲马头琴大师色拉西

马头琴的制作工艺具有悠久的历史和渊源。早期传统的马头琴制作工艺简单，后经过马头琴大师色拉西改造，音域得到扩大，既保持了传统马头琴原有的柔和、深厚的音色，又增加了清晰、明亮的特点，对马头琴制作与加工技艺产生了深远的影响。

马头琴是一种弓拉弦鸣乐器，它由共鸣箱、琴头、琴杆、弦轴、琴码、琴弦和琴弓构成。马头琴琴箱是用一块整木刳制而成，面蒙马皮、羊皮，现改为蟒皮、桐木板等，用白马尾或尼龙丝作琴弦和弓毛。琴头、音箱镶有骨雕装饰品，琴头用手工雕刻成马头状。

◀手工制作马头琴

▶民族乐器制作技艺（马头琴制作技艺）省级代表性传承人白苏古郎正在雕刻

马头琴是蒙古族重要的乐器之一，也是中华民族文化艺术的一块瑰宝。在蒙古族音乐文化的百花园中，郭尔罗斯的马头琴以造型独特、音质优美、做工考究、历史悠久享誉海内外，有着深远的文化渊源和人文底蕴。同时它又是一种独具特色的民族民间工艺精品，具有极高的保存和收藏价值。

马头琴共鸣箱呈正梯形，也有个别做成六方形或八方形，琴箱框板多由乌木、红木或桑木等硬杂木制成，上下两框板的中央开有装入琴弦的共鸣箱，板面上开有出音孔，上面绘有精美图案。

▲2008年，白苏古郎向国际奥委会捐赠的马头琴与中央电视台记者合影

▲2022年北京冬奥会期间，白苏古郎制作的马头琴在2022北京新闻中心“多彩神州”文化展示区进行展示

▲马头琴

·省级·

查干湖风干鱼制作技艺

公布时间：2011年
级别批次：省级第四批（增补）
项目类别：传统技艺
保护单位：吉林查干湖渔业有限公司

以风干形式加工鲜鱼的方法，是伴随渔业生产而产生并不断发展的，其制作技艺为辽金遗风中的民间技艺之一。制作风干鱼在前郭县有着悠久的历史，经过几代人的传承，风干鱼的制作和加工得到了全面发展和创新。查干湖风干鱼品质好、香嫩可口，肉质紧密起丝、口感劲道、嚼劲十足、营养丰富。

▲查干湖风干鱼是餐桌上的独特风味菜肴

查干湖及其周边的嫩江、松花江等广大水域有各种鱼类，为制作风干鱼提供了条件，而查干湖得天独厚的地理环境，使查干湖鱼自带优秀属性，其鲜美绝伦的品质是制作查干湖风干鱼的基础，调料的配置、气温、空气湿度、自然风力大小是制作风干鱼的关键，随时影响着风干鱼的色泽和口感，每个优秀的手艺人都有自己独特的秘方和技法。

▲查干湖风干鱼

◀查干湖风干鱼制作技艺省级代表性传承人单君国

查干湖风干鱼做法：将大鱼洗净去鳞，剖腹后置于盆中，放入盐、料酒、花椒、大料、姜、辣椒、蜂蜜和酱油等调料，腌制6~10小时，之后取出，用筷子将鱼分开、固定，用挂钩吊置于阴凉通风处，在鱼体表面喷洒白酒，在外风干1~2天即可。

▶制作查干湖风干鱼

查干湖全鱼宴烹饪技艺

公布时间：2009年
级别批次：省级第二批
项目类别：传统技艺
保护单位：吉林查干湖渔业有限公司

自古以来，居住在查干湖及其周边水域的广大群众就以渔猎为生。在饮食中，最为华贵的大宴就是“全鱼宴”。“全鱼宴”以查干湖年产5 000余吨的野生鲜鱼为主料，经炖、煎、炸、爆等厨艺加工，用小仅几厘米长，大至十几斤重的鲜鱼，做成冷、热、生、熟俱备，软、嫩、酥、脆俱全，香、甜、麻、辣俱有的丰盛宴席。

▲查干湖全鱼宴

查干湖“全鱼宴”是前郭尔罗斯人根据查干湖盛产鲤、鲢、鲇、鲫、鳙等15科68种野生鱼类的丰富资源推出的极富地方特点、极蕴民族特色、极具大众口味，有极高营养价值的地方传统名宴。按季节的不同，所选用鲜鱼的种类、数量也不尽相同，但口味都不失鲜美。

▶查干湖全鱼宴烹饪技艺省级代表性传承人李长河正在烹制全鱼宴　罗立群/摄影

传承和保护“全鱼宴”的制作技艺，有利于研究以辽金为代表的查干湖及其周边乃至东北地区人们的渔猎历史及饮食起居等民俗活动，对于弘扬独具特色的郭尔罗斯饮食文化具有十分重要的意义。同时，能够围绕地方特色打造旅游品牌，促进前郭旅游业实现高质量发展。

◀查干湖全鱼宴重头戏胖头鱼即将上桌

朝鲜族咸菜制作技艺

公布时间：2009年
级别批次：省级第二批
项目类别：传统技艺
保护单位：前郭县非物质文化遗产保护中心

咸菜是朝鲜族喜爱的佐餐食品，多以桔梗、白菜、萝卜、黄瓜等为原料，洗净后切成片、块、丝，用盐卤上，使之发酵，然后再拌以芝麻、蒜泥、姜丝、辣椒面等多种调味品，吃起来清脆爽口，咸淡适口。朝鲜族咸菜种类多、味道好。泡菜味道的好坏，也是主妇烹调手艺高低的标志。

朝鲜族咸菜主要指朝鲜族泡菜。泡菜是朝鲜族人民最基本、最普通的风味菜食之一。依原料、制法、用法和时间的不同，口味各异。泡菜的主要原料是各种蔬菜，维生素及钙、铁、磷等矿物质含量丰富。泡菜富含乳酸，有助于消化吸收。常吃泡菜可以增加肠胃中的有益菌，抑制肠道中的致病菌，降低患胃肠道疾病的概率，增加身体抵抗力。

▲朝鲜族咸菜

郭尔罗斯传统民居建造技艺

公布时间：2011年
级别批次：省级第三批
项目类别：传统技艺
保护单位：前郭尔罗斯蒙古族自治县文化工作总站
（前郭县非物质文化遗产保护中心）

郭尔罗斯传统民居是东北民居的重要组成部分，是我国北方传统民居建筑风格代表之一。郭尔罗斯传统民居基本结构包括泥土砌墙、火炕、锅灶、烟囱和门窗等。建造类型主要是土木结构，通常“以土制坯、以木构架”建造房屋主体，兼有芦苇或秸秆编制内篷、石块或方砖铺地、窗镶玻璃或纸粘等。随着经济社会发展，郭尔罗斯民居实现了由穴居到半穴居、由地窨子到马架房的变化，形状也由圆形尖顶的土房逐步演变为长方形平顶房舍，郭尔罗斯蒙古族群众也从游牧生活的毡包搬入农耕定居的泥土房，与各族人民一同传承和发展传统民间建筑技艺。

▲郭尔罗斯传统民居

郭尔罗斯传统民居大小不一，通常为3间房，因人口多少和富裕程度也常见两间或5间、7间的房舍，每间面积约为20平方米。有的里屋较大、外屋稍小，被称为“借间”。室内格局因蒙、满、汉习俗不同而有差异，但大多都是外屋开外门、设锅灶，里屋居住。也有少数民居东侧设外门外间，中间和西间通开，建有南北对面火炕，俗称“筒子房”。蒙、满等少数民族“以西为大、以西为贵”，因此，老者常居西间。

►郭尔罗斯传统民居——蒙古包

传统民居使用的木质结构主要是房架子和门窗部分，其中房架子包括柱子、梁柁、檩子、椽子。郭尔罗斯传统民居的房顶不同于尖顶草房，而是平顶结构，通常中间略高于两檐，俗称“滚水房”。房顶主要是用芦苇编织成的帘子或秸秆编成的房笆铺成，之后以碱土和泥涂抹，具有防水、御寒作用。传统民居的墙体就地取用黑土或黄土，以泥叉墙或土坯墙为主。门为单侧旁开，窗则多为上下对开，都是朝南向阳设立，也有略小的北窗、西窗。

◄郭尔罗斯传统民居中柱子、梁、柁、檩子、椽子

前郭尔罗斯传统酿酒技艺

公布时间：2011年
级别批次：省级第三批
项目类别：传统技艺
保护单位：前郭县非物质文化遗产保护中心

前郭尔罗斯传统酿酒技艺是传承了上百年的老字号的传统工艺，具有悠久的历史和深邃的文化内涵。以高粱、大米等粮食为原料，以纯小麦包釉子为糖化发酵剂，酿造过程有100多道工序。传承重点是“脚踢手摸、泥窖固态发酵、跑窖循环、续糟配料、混蒸混烧、量质摘酒、按质并坛”等独特的酿造工艺和传统技能，勾兑、尝评主要依靠人的眼观、鼻闻、口尝来完成，体现了酿酒师的高超技艺。

▲木制酒海

▲地下恒温储酒窖

郭尔罗斯全羊席烹饪技艺

公布时间：2019年

级别批次：省级第四批（增补）

项目类别：传统技艺

保护单位：前郭尔罗斯蒙古族自治县郭尔罗斯饭店有限公司

全羊席，蒙古语为“术斯”，又称“全羊大筵”，是具有悠久历史和独特草原风情的筵席。郭尔罗斯全羊席以烤全羊、手扒肉为主肴，精选羊身各部位，分别采用烧、蒸、爆、烤、焖、熘、烩、煎等技法，烹制出数十种菜肴。标准的全羊席共有108道菜，其中凉菜20道、热菜88道。

▲郭尔罗斯全羊席部分菜品　刘跃红、李玉平、田立勋、张晓彦/摄影

传统的全羊“术斯”分为9种：珠洛玛术斯、烤术斯、布敦术斯、哈希森术斯、肩胛术斯、牛哈图术斯、羊头术斯等。千百年来，郭尔罗斯蒙古族人们从草原游牧到农耕定居，烤全羊、手扒肉等传统饮食烹饪技艺保留至今。

▲外国友人品尝全羊席　张桂芝/摄影

前郭尔罗斯蒙古族牛肉干制作技艺

公布时间：2011年

级别批次：省级第三批

项目类别：传统技艺

保护单位：前郭尔罗斯蒙古族自治县哈萨尔王食品有限公司

牛肉干料精工细，在蒙古族传统饮食中被视为极品，专门用来款待贵客。牛肉经过切割、腌制、风干等一系列工序后，做成低脂肪、高热量、口感香浓、回味悠长、色泽金红、外焦里嫩的牛肉干。如今，牛肉干不仅是草原牧民喜爱的食品、待客的必备菜肴，也是居家旅行和馈赠亲友的首选。

▲品尝牛肉干

▲牛肉干

牛肉干经过蒙古族传统手工做法精制而成，制作工艺十分复杂。蒙古族先民在森林狩猎时代就有风干剩肉的技能和习俗。随着游牧生活的出现，草原牧民也产生了晾晒牛肉干的生活习俗。早在成吉思汗建立蒙古帝国时代，威震世界的蒙古骑兵就与牛肉干有着不解之缘，被誉为“成吉思汗的行军粮”。

蒙古族酸咸菜制作技艺

公布时间：2021年

级别批次：省级第五批

项目类别：传统技艺

保护单位：前郭尔罗斯蒙古族自治县郭尔罗斯饭店有限公司

蒙古族咸菜是东北蒙古族群众在近现代的生活实践和与其他民族生活交流中创新、传承的一种民族佐餐食品，距今已有300多年的历史，具有鲜明的民族特点和地域特色。

▲正准备发酵的蒙古族酸咸菜

▲正在制作蒙古族咸菜

▲蒙古族咸菜主要原料

蒙古族咸菜以酸咸菜为主，原材料较为普遍，南瓜、茄子、豆角、辣椒等均可。制作工艺流程较为简单，但对环境要求十分严格。

蒙古族咸菜具体制作方法为：先将所有食材用冷水浸泡30分钟，有效除去表面杂质，捞出沥干水分备用；南瓜去瓤切块、豆角去筋、茄子去皮，用蒸箱将南瓜、豆角、茄子蒸熟，晾凉备用；香菜切段、辣椒切丝、蒜切末备用；最后将所有食材放入坛子里，加入适量盐，搅拌、密封，存放在18℃~23℃的储藏室中，自然发酵7天，开坛即可食用。

▶蒙古族咸菜制作技艺传承人任延泽正在制作蒙古族咸菜

蒙古族馅饼制作技艺

公布时间：2009年

级别批次：省级第二批

项目类别：传统技艺

保护单位：前郭尔罗斯蒙古族自治县郭尔罗斯饭店有限公司

蒙古族馅饼是蒙古族传统特色美食之一，距今已有300多年的历史。以善用软面、皮薄透馅、香而不腻闻名。蒙古族群众在长期的生活实践中不断总结并加以改进，馅饼制作技艺日臻完善。原为以荞麦面制皮，以牛肉、羊肉、猪肉为馅，采用干烙水烹的方法，明末清初时期，馅饼从民间传入王府，由干烙水烹改为用豆油、奶油煎制，并用白面做皮，流传至今。

▲蒙古族馅饼

蒙古族馅饼是前郭尔罗斯蒙古族农牧民在长期生活实践中独创的，具有鲜明的民族特点和地域特色。它善用软面，饼皮极薄，做法是，取一块面团在手心中摊开，填馅团成包子形，然后入锅，用手拍成饼状（亦可在面板上先按扁再上锅），直到见馅而不露，烙到两面呈黄色时，适量刷油，即可食用。

▲蒙古族馅饼制作过程

蒙古族荞麦食品加工技艺

公布时间：2009年
级别批次：省级第二批
项目类别：传统技艺
保护单位：前郭尔罗斯蒙古族自治县草原文化馆

蒙古族荞面食品是郭尔罗斯饮食文化的主要内容之一，具有郭尔罗斯地方民族饮食特色，深受广大群众的喜爱。郭尔罗斯的蒙汉各族群众以荞面为主要原料制作的食品多达数十种，主要有荞面驴肉蒸饺、拨面、猫耳朵汤、荞面合子、荞面葱花饼、荞面条（荞面饸饹）、荞面锅烙、灌荞面肠等。

▲蒙古族荞面食品　田立勋、刘跃红、李玉平、张晓彦/摄影

荞面制作的各类食品不仅美味可口，口感细腻，而且还具有独特的医疗保健价值，对人体健康有益，特别是对患有高血压、高血脂、糖尿病的人，具有一定的食疗作用。

▲蒙古族荞面血肠制作过程　刘跃红、李玉平、张晓彦/摄影

郭尔罗斯地区的荞面食品分冷食、热食两类，食品样式多达几十种。由于特殊的地理位置和土壤、气候条件，郭尔罗斯地区出产的荞麦质量好，营养丰富，绿色有机，荞面食品有着其他食品不可替代的营养价值，如今，在郭尔罗斯地区各餐饮饭店，荞面食品已成为各族人民最为喜爱的民族特色饮食之一。

▲采用传统方法制作荞面饸饹

黏米食品制作技艺

公布时间：2011年
级别批次：省级第三批
项目类别：传统技艺
保护单位：前郭尔罗斯蒙古族自治县郭尔罗斯饭店有限公司

黏米食品多由糜子磨成的面粉制成，也称“黄米食品”，豆包是典型代表。豆包一般是在初冬季节开始制作，制成后冷冻保存。先将黄米浸泡约半日，淘洗晾干后磨成面粉。用热水和面、发酵，将红小豆或大芸豆煮熟捣烂，攥成核桃大小馅团。用揉好的黄米面包住豆馅，团成豆包，蒸熟后即可食用。

▲东北地区集贸市场售卖黏米食品——黏豆包　张桂芝/摄影

糜子磨米去皮后即为黄米，味甘，性微寒，富含蛋白质、碳水化合物、维生素等多种营养成分，具有益阴、利肺等功效。因此，食用黄米食品有利于东北各族人民在寒冷季节里长时间进行户外活动。以黄米面为主料制作的传统食品主要有黏豆包、黏饼、年糕、切糕等。

▲豆包制作过程　刘跃红、张桂芝/摄影

·市级·

冰下捕鱼技术

公布时间：2009年
级别批次：市级第一批
项目类别：传统技艺
保护单位：吉林查干湖渔业有限公司

▲黎明备网

冰下捕鱼技术在查干湖及周边地区世代传承，至今已有千余年的历史。其主要生产方式是采用冰下布网、马拉绞盘等古老的捕鱼技术。人员由大渔把头选出其他渔把头、跟网、扭矛、走钩、小套、送旗（灯）、打更、车老板等约60人组成。每年的深冬季节是捕鱼的黄金时期，捕鱼场面壮观而又神奇。

▶红网

奶食品制作技艺

公布时间：2009年

级别批次：市级第一批（增补）

项目类别：传统技艺

保护单位：前郭尔罗斯蒙古族自治县郭尔罗斯饭店有限公司

奶食品是蒙古族食品中的上品，被称为“百食之长”。蒙古族称奶食品为白食，蒙古语为查干伊德，意思是纯洁、崇高的食品。蒙古族奶食品主要有奶油、奶豆腐、酸奶、奶酪、奶皮等。制作技艺可分为3种：自然凝固法，主要用于制作奶油等；搅拌发酵法，鲜奶不仅可做成各类食品，也可加工成饮品，包括“艾日格”“其格”“塔日格”等各种酸奶，主要是用搅拌发酵的方式制作；温火烧制法，制作的奶食品主要有奶豆腐、奶酪、奶皮、奶酒等。

蒙古族的食品之首便是奶食，每逢拜年、祝寿、招待宾客、喜庆宴会等都要先品尝奶食、敬献奶酒，如迎送远行的亲朋也要品尝鲜奶，敬献奶食，以示祝愿。蒙古族的奶食品，名目繁多，品种丰富，古老的加工工艺，独特的保鲜方法，美妙的口感滋味，赏心悦目的色泽形状，都显示了游牧民族无穷的智慧与非凡的创造力。

奶食品不仅是蒙古人赖以生存的物质食粮，同时也与蒙古人的精神生活息息相关。蒙古人视奶食品为食品中的极品，是吉祥、安康、福泰的象征，因此把它当作祭祀、祈祝或相互馈赠之佳品。每逢佳节庆典之日，都要以品尝奶食、敬献奶酒为最高礼节，以表达美好的祝愿。即使食用全羊宴席，也要先在羊头抹一点黄油，以示奶食品为先的礼数。

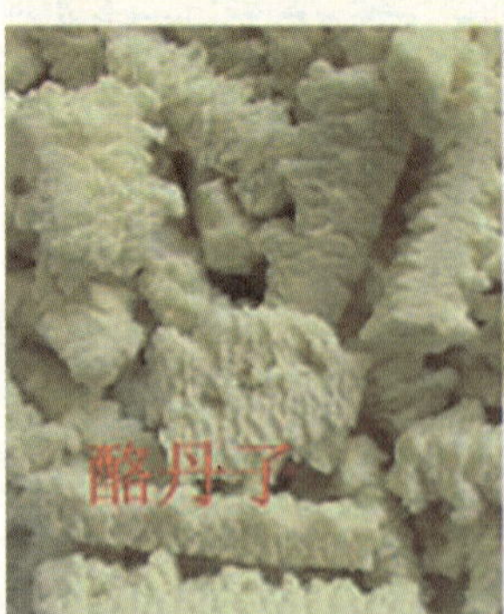

蒙古族手把肉加工技艺

公布时间：2009年

级别批次：市级第一批（增补）

项目类别：传统技艺

保护单位：前郭尔罗斯蒙古族自治县郭尔罗斯饭店有限公司

手把肉蒙古语为“布和力麻哈”。蒙古族制作手把肉比较讲究工序，多选用草原生长的两龄羊（祭祀时通常用公羊），采用“掏心法”宰杀。此法使羊的心脏骤然收缩，全身血管扩张，确保肉质鲜嫩。宰杀后，将羊带骨（头、蹄、内脏除外）分解成若干块，放入清水锅中旺火煮，不加任何调味佐料。待水滚沸后取出，执蒙古刀割取，蘸以芝麻盐面、韭菜花等调料食用。因不用筷子而用手直接抓食而得名。有时煮好后会根据个人口味进行二次加工，其鲜嫩不变，味道更加独特。

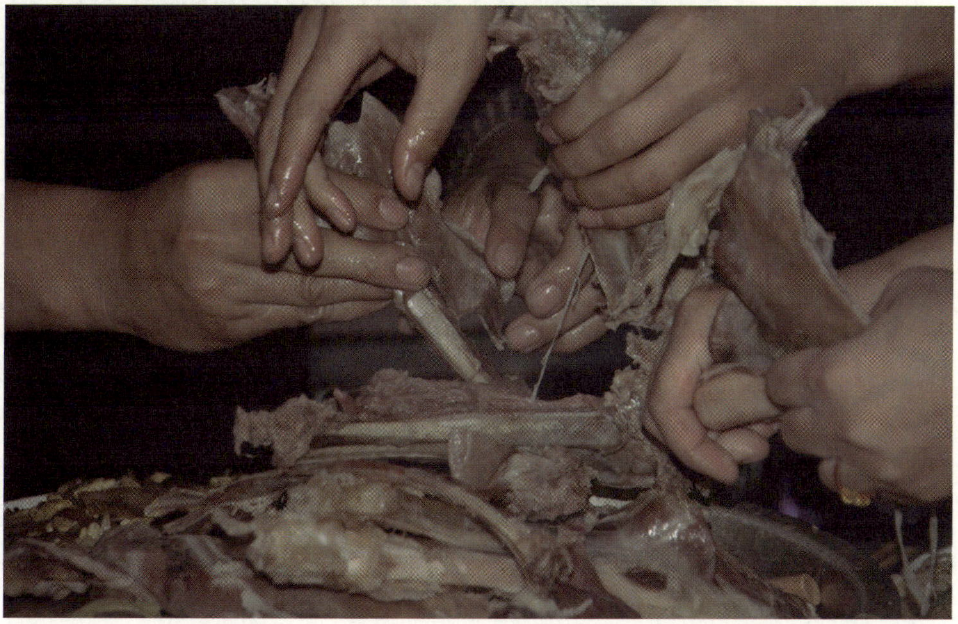

▶手把肉

“手把肉”是草原上的蒙古、达斡尔、鄂温克等少数民族，在千百年游牧、狩猎习俗中传承的传统食品。这种传统食品的历史可以追溯到古代，蒙元时期盛行，清代曾作为王府每餐必备的宫廷菜肴，供王室和贵族享用。

◀“祭祀”活动中待制作的手把肉

▶吃手把肉工具——蒙古刀

渔网编织技艺

公布时间：2009年
级别批次：市级第一批
项目类别：传统技艺
保护单位：吉林查干湖渔业有限公司

传统手工艺编织渔网已有近千年历史，随着渔业生产发展而得到传承和创新。过去织网材料采用麻绳和棉线。20世纪60年代以后，先后采用了尼龙胶丝线、聚乙烯线、聚丙烯线等化纤材料。渔网主要有丝挂子、铁铰子、旋网、待河网、三行网、花篮子等。

▲渔网

◀编织渔网工具

常用渔网的结构和编织方法主要有：“不升眼”方法编织成的长方形“网片式”；“升眼”方法编织成的口袋形“网兜式”；另外，还有用柳条、铁丝等制作的其他网具。编织鱼网主要工具是梭子和织板，辅助工具有线撑子。编织渔网要经过织网、扎网泡、打网铅、装网等多道工序。

▶编织渔网工具

·县级·

朝鲜族打糕制作技艺

公布时间：2012年

级别批次：县级第三批

项目类别：传统技艺

保护单位：前郭尔罗斯蒙古族自治县文化工作总站
（前郭县非物质文化遗产保护中心）

朝鲜族打糕历史悠久，是朝鲜族著名的传统风味食品，每逢年节、老人寿诞、小孩生日、结婚庆典等重大喜庆日子，打糕是餐桌上必不可少的食品。因是经木棰砸打而成，故名“打糕”。打糕一般有两种，一种是用糯米制作的白打糕，一种是用黄米制作的黄打糕。

▲朝鲜族打糕

朝鲜族打糕的制作方法：将米放到水里浸泡一段时间后，捞出米放到锅里蒸熟，之后放到木槽或石槽里，用木棰反复捶打。一般为两个人面对面地站在槽边互相交替捶打，或一人捶打一人在下面翻动糕团，使之捶打均匀。一番捶打之后，一份香黏细腻、筋道适口的打糕便制作完成。

▲制作朝鲜族打糕

朝鲜族狗肉烹饪技艺

公布时间：2012年
级别批次：县级第三批
项目类别：传统技艺
保护单位：前郭尔罗斯蒙古族自治县文化工作总站
（前郭县非物质文化遗产保护中心）

用狗肉烹制菜肴是朝鲜族烹饪中的一大特色。朝鲜族狗肉烹饪方法很多，狗刚宰杀后，因有土腥气味，所以先用盐渍一下或用冷水浸泡，然后取出切成块，放入锅中加清水炖煮，不加盐和作料（也有说加姜、花椒、大料、香叶、黄豆等调料），文火煮，煮到骨肉分离为止，这时汤呈奶白状。狗肉必须以手撕成细条，忌刀切，蘸狗酱吃。除清炖之外，还有红烧、油爆、狗肉火锅、狗肉汤等烹饪方法。

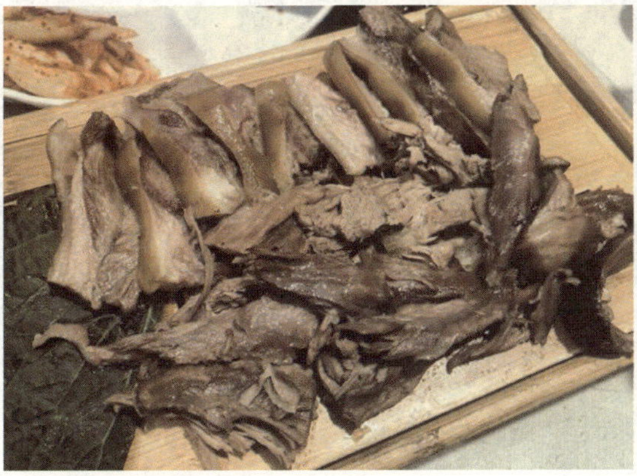

▲朝鲜族特色狗肉

朝鲜族冷面制作技艺

公布时间：2012年
级别批次：县级第三批
项目类别：传统技艺
保护单位：前郭尔罗斯蒙古族自治县文化工作总站
（前郭县非物质文化遗产保护中心）

冷面是朝鲜族最具代表性的饮食，以荞麦冷面为代表。朝鲜族冷面的制作比较复杂，要按适当比例将荞麦粉、面粉、淀粉等掺和均匀，压成细细的面条，一般用牛肉汤或鸡汤，佐以辣白菜、肉片、鸡蛋、黄瓜丝、梨条、葱丝、辣椒、味精、盐等。面细质韧，汤汁凉爽，酸辣适口。

▲朝鲜族冷面

朝鲜族米酒酿造技艺

公布时间：2012年
级别批次：县级第三批
项目类别：传统技艺
保护单位：前郭尔罗斯蒙古族自治县文化工作总站
（前郭县非物质文化遗产保护中心）

朝鲜族与酒有不解之缘，一年四季喜饮米酒，年节和接待来客米酒更是必备的饮品。米酒以糯米酿成，制作工艺复杂。做酒时，糯米上笼蒸成饭，凉后拌上碎酒曲，装在坛子里，严封坛口，放在热炕上，一星期后，便芳香四溢。打开坛盖，上面出现一层清汤，米粒完全沉淀，即说明米酒已酿成。饮用时，须兑入3倍清水，搅拌均匀后，滤去酒渣即可饮用。

▲朝鲜族米酒

朝鲜族五谷饭

公布时间：2012年
级别批次：县级第三批
项目类别：传统技艺
保护单位：前郭尔罗斯蒙古族自治县文化工作总站
（前郭县非物质文化遗产保护中心）

五谷饭，即用五种谷物做成的饭。朝鲜族习俗是在正月十五做五谷饭，分给几家吃，当日九次吃完为佳。少食多餐寄托着丰衣足食、身体健康的美好愿望。并拿一些放到牛槽中，看牛先吃哪一种粮食，预示这种粮食当年能获丰收。五谷饭原料一般为红小豆、高粱、小米、黏米、黑豆。先将红豆煮烂，煮红豆的水留用，高粱、黑豆用温水泡，之后江米、黑豆、高粱等放进煮红豆的水，开始生火做饭，待水变少时放入小米，继续焖煮，煮熟后均匀搅拌即可。

▲五谷饭及五谷饭原料

钉马掌技艺

公布时间：2019年

级别批次：县级第五批（增补）

项目类别：传统技艺

保护单位：吉林查干湖渔业有限公司

马蹄钉上马掌能减少对马蹄的磨损和伤害，冬季，马在冰雪路面行走，还有防滑作用。钉马掌部位相当于马的指甲，没有神经，所以不会有任何疼痛。钉马掌是技术活儿，首先要修马蹄，即修剪马的指甲，使其平整。其次是将马掌切合在马蹄上面，开始钉钉子，需要一定经验技术，钉入太深会伤到马蹄，太浅则容易脱落。最后要将露在外面的钉子去掉。直到20世纪80年代，农村依然以牲畜耕作为主，给马钉掌还是一道特殊的风景。

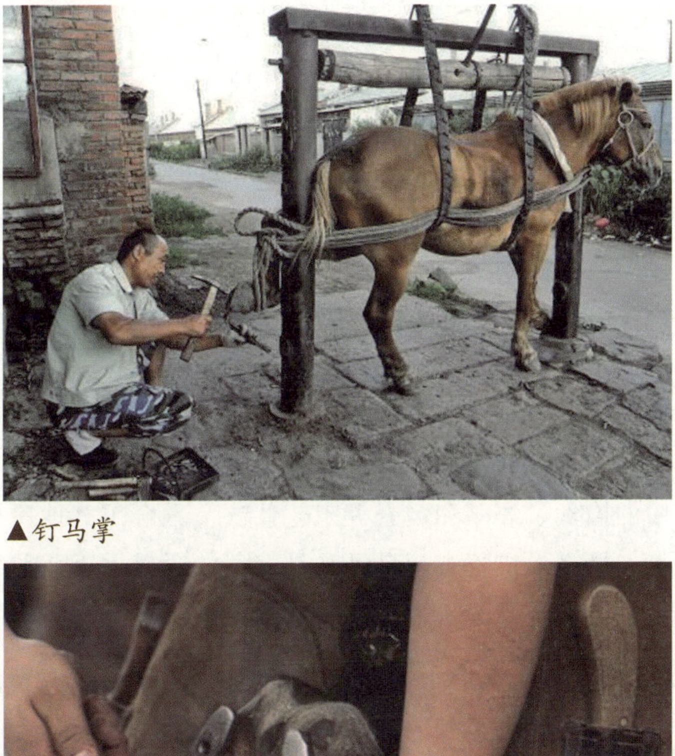

▲钉马掌

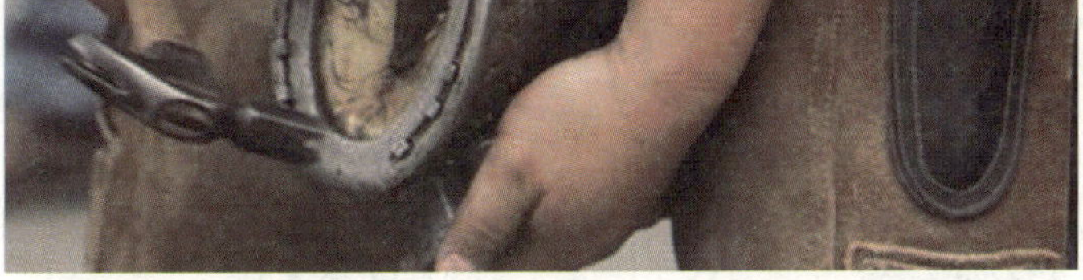

▲正在为马钉马掌

郭尔罗斯蒙古族金银器制作技艺

公布时间：2018年
级别批次：县级第五批
项目类别：传统技艺
保护单位：前郭尔罗斯蒙古族自治县文化工作总站
（前郭县非物质文化遗产保护中心）

金银器皿工艺是蒙古族的传统工艺，以其独特的魅力闻名于国内外。蒙古族金银器皿从匈奴时期一直到元朝以及清朝时期都是非常受人珍视的日用品。金银器皿制作则是从久远的古代到今天中国北方草原上游牧民族手工艺技法的延续和发展。现代金银器皿制作继承了传统的民族手工艺技法，花丝工艺及实镶工艺兼顾。

▲蒙古族银饰制作技艺项目代表性传承人巴彦斯郎正在加工银饰品

在金银器上錾刻着精美的羊角纹、盘肠纹、鼻纹、犄角纹、卷草纹以及各种几何传统装饰图案，所遵循的工艺流程都是一丝不苟的传统工艺流程。诸如金银加工中的掐丝、焊缀和镶嵌等工艺技法，融合了其他民族特点，最终形成蒙古族自己独具特色的民族手工艺风格特征，体现了蒙古族劳动人民的丰富想象力和创造力。

▲金银饰品

▲银质耳环

烤全羊技艺

公布时间：2018年

级别批次：县级第五批

项目类别：传统技艺

保护单位：前郭尔罗斯蒙古族自治县郭尔罗斯饭店有限公司

烤全羊是蒙古族宴席名菜，多在隆重宴会或祭奠时用。烤全羊制作要求严格，须选用1~2岁膘肥体壮的内蒙古白色大头羯羊，采用攥心法宰杀，攥心法也称掏心杀羊法，羊血流聚在胸腔，吸收在肉里，营养成分不流失，羊肉味道鲜美，易于消化。羊挂入烤炉内要封住口，用慢火烤，烤好后，将全羊以跪卧姿势摆入大盘内，脖子上系一红带以示隆重。

▲郭尔罗斯全羊席烹饪技艺传承人包和平特制烤全羊　富山/摄影

烤全羊制作流程：羊宰杀后去毛和内脏，刮洗干净，然后在羊的腹腔内和后腿内侧用刀割若干小口。羊腹内放入葱段、姜片、花椒、大料、小茴香末，并用精盐搓擦入味，羊腿内侧刀口处放入调料和盐。将羊尾用铁签别入腹内，胸部朝上，四肢用铁钩挂住皮面，刷上酱油、糖色，再刷香油。将全羊腹朝上挂入提前烧热的烤炉内，3~4小时，待羊皮烤至黄红酥脆、肉质嫩熟时取出。用特制勒勒车把烤全羊推至席间献礼，之后送回厨房分解，再端上宴席食用。

▲品尝烤全羊

▶切割烤全羊

田立勋/摄影

蒙古族炒米加工技艺

公布时间：2010年
级别批次：县级第二批
项目类别：传统技艺
保护单位：前郭尔罗斯蒙古族自治县文化工作总站
（前郭县非物质文化遗产保护中心）

蒙古族炒米，蒙古语为胡列补达，是蒙古族的主食之一。在日常生活中，牧民出牧、行猎，炒米是必备的食品。蒙古族不可一日无茶，也不可一日无炒米。炒米是蒙古族的传统美食，有着悠久的历史。据史书记载，早在汉朝时就有用煮、炒、碾等工序加工制作糜子的食用方法，到了宋末元初，蒙古族人民开始广泛地食用炒米。

▲蒙古族炒米

蒙古族炒米的原料是糜米，富含维生素、胡萝卜素，是适合各个年龄段的健康食品。蒙古族炒米一直沿用古老的制作方法，包括蒸、炒、碾等多道工序，没有油炸过程。炒米味美耐饥，蒙古族有"暖穿皮子，饱吃糜子"之说。炒米吃法简便，兑上酸奶和白糖等搅拌，清香爽口，是别具风味的传统食品。

▲正在制作蒙古族传统饮品——锅茶

蒙古族佛香制作技艺

公布时间：2018年
级别批次：县级第五批
项目类别：传统技艺
保护单位：前郭尔罗斯蒙古族自治县文化工作总站
（前郭县非物质文化遗产保护中心）

最初制佛香主要是寺庙，近现代产生专门制作佛香的作坊。传统的佛香原料包括香药、木粉、黏合料和附加材料。首先把配好的香药、木粉、黏合料等加入适量的水进行搅拌。搅拌的香料取出后进行压块，再挤成条状，在柔和的阳光下晾干。有些特殊的佛香还需要窖藏一段时间，达到香气馥郁的效果。

▲制作佛香

▲佛香

蒙古族马具制作技艺

公布时间：2010年
级别批次：县级第二批
项目类别：传统技艺
保护单位：前郭尔罗斯蒙古族自治县文化工作总站
（前郭县非物质文化遗产保护中心）

蒙古族被誉为“马背上的民族”。在长期的生产生活中积累了丰富的马具制作经验，蒙古族马具制作技艺已成为草原文化的重要组成部分。蒙古族马具制作综合了木工、刺绣、毛皮、编织、金属等制作工艺，制作技术精良，用料考究，装饰华美，集中体现了蒙古族的审美意识和民族文化特征。

蒙古族马具工艺流程的主要工序包括选择木料、切割木料、烘干木料，切割木制部件、制胶贴合部件，干燥鞍骨、修整打磨鞍骨、鞍骨打孔、鞍骨上漆、漆晾干、鞍骨配里，装鞍垫、加固材料部件、安装部件、整饰等。制作一个蒙古族马具一般耗时半个月左右。

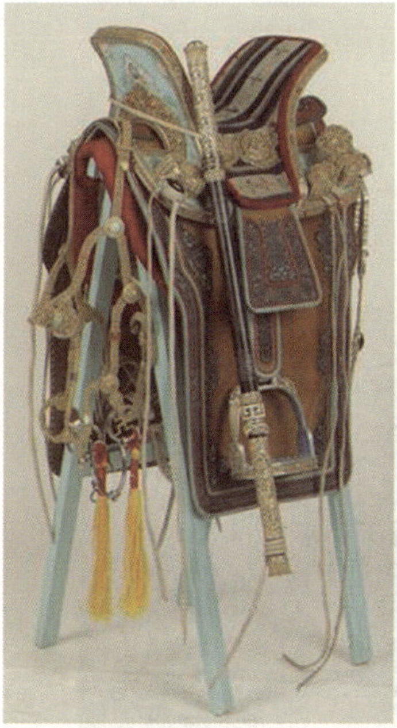
▲制作精良的马鞍

▲马鞍

牛头宴烹饪技艺

公布时间：2018年
级别批次：县级第五批
项目类别：传统技艺
保护单位：前郭尔罗斯蒙古族自治县文化工作总站
（前郭县非物质文化遗产保护中心）

牛头宴是蒙古族传统名菜，为招待贵宾或举行重大庆典时的盛宴，是蒙古族的餐中至尊。牛头宴选料讲究，一般精选内蒙草原黄牛头，经过沸水煺毛、洗净、分割、调制老汤，再下入锅中煮。为保留原汁原味，用古法调制老汤，去掉腥味、膻味，这样制作出的牛头才肉鲜浓郁，口感软烂而不散。

▲草原牛头宴

手鞠球制作技艺

公布时间：2018年

级别批次：县级第五批

项目类别：传统技艺

保护单位：前郭县鼎润文化民族事业发展有限公司

手鞠球又称手毬，是一种民间艺术形式，起源于我国唐代的蹴鞠，可用来抛掷把玩。公元7世纪流传至东瀛。由于其漫长的制作过程融入了制作者的心意，被视为一种带来好运和象征幸福的礼物。新年的时候，有父母向孩子赠送手鞠的传统。制作手鞠的工具有珠针、软尺（纸条）、绣线、绣针、剪刀、计算器（计算公式）等。

▲手鞠球

手鞠制作过程：素球，最初球芯只是缠绕一些线所做出的东西，约16世纪末，球芯换成以棉线制作的高弹性球体，现代，选择范围比较广泛，如弹力棉、保丽龙球、羊毛，甚至一些环保材料都可以做手鞠的素球内芯，再用细线或者缝纫线缠绕成圆即可。分球：手鞠的分球有好多种，在基本的4个基础分球内可以延伸出千变万化的多面体分球，而这些分球只是手鞠制作的“构图”，根据这些分割线再进行花纹缝制才最终完成手鞠的制作。

▲手鞠

酸菜炖白肉血肠烹饪技艺

公布时间：2012年
级别批次：县级第三批
项目类别：传统技艺
保护单位：前郭尔罗斯蒙古族自治县文化工作总站
（前郭县非物质文化遗产保护中心）

酸菜炖白肉血肠是满族人的饮食习俗。酸菜，满语为“布缩吉”，是满族冬季的主要蔬菜。满族生活在寒冷的东北地区，冬季蔬菜品种少，秋天时，人们将新鲜的白菜放在缸中发酵，制成酸菜。直到现在，不论是汉族、满族、蒙古族，东北人都很喜欢吃酸菜。过年杀猪请客人，少不了白肉血肠。白肉要用五花肉，切成薄薄大片，血肠多用小肠（也有灌猪大肠），切得略薄。

酸菜炖白肉血肠香而不腻，营养价值高，深受各族群众喜爱。制作过程为：锅里加凉水，放入五花肉、姜、蒜、花椒、八角和小葱，大火烧开后撇净浮沫，转中火炖煮20~30分钟。肉捞出凉后切片，锅热后放五花肉煸炒，无需放油，煎炒出油后放蒜瓣和姜片，再放入准备好的酸菜丝一起炒，之后加水炖煮（亦可不用煸炒而将五花肉、酸菜一同下锅炖煮），放一粒八角调味，开锅后放盐，再小火慢炖，最后放切好的血肠，炖3分钟就可以关火盛盘。

▲酸菜炖白肉血肠

榆柳条编织技艺

公布时间：2012年
级别批次：县级第三批
项目类别：传统技艺
保护单位：前郭尔罗斯蒙古族自治县文化工作总站
（前郭县非物质文化遗产保护中心）

榆柳条编织是中国民间传统手工艺之一。过去一些生产用具、生活用品，如筐、笸箩、簸箕等，都是心灵手巧的艺人用榆条、柳条编织而成。榆树条纤细，特别适合编织小物件，榆条编织品比较结实耐用。相比之下，柳条的耐用性稍差一些，柳条柔软易弯，粗细匀称，可以编织各种朴实自然、造型美观、轻便实用的工艺品。柳条剥皮后编出的筐洁白光滑，可以染成各种颜色，视觉上更有艺术性。

▲柳条编制品

榆柳条编织工艺主要技法有5种：平编，主要编平面席箔类；绞编，以经纬编压为主要特点，要求编纬的条子柔软、有韧性；勒编，用勒编做成的器物一般称为“系货”，以麻绳作经、以柳条作纬，麻绳互相交错穿过柳条，用于编制簸箕、箩筐、柳条包等；砌编，制成的器物一般称为“砌货”，多用于圆形器物的编制；缠边，条编的辅助工种，主要用于条编器具的边沿、把手部分等。

▲榆树条编织的筐

扎掸技艺

公布时间：2018年
级别批次：县级第五批
项目类别：传统技艺
保护单位：前郭尔罗斯蒙古族自治县文化工作总站
（前郭县非物质文化遗产保护中心）

鸡毛掸子，是一种用鸡毛绑成的除尘用具。瓶与“平”谐音，鸡与“吉”谐音，所以古代常见花瓶中插鸡毛掸子，寓意平安吉祥。鸡毛掸子制作工序相当复杂，道道工序都有讲究。第一步是选择鸡毛，须选择没有虫蛀的鸡毛，而且不能选用鸡绒毛，最好是毛色艳丽的鸡毛。之后进行分拣，按照鸡毛长短分开，每5根左右放在一起，并且鸡毛弯曲的方向要一致。绑制时先在掸杆一端粘上一圈短鸡毛，一般用5~6根公鸡尾部颜色艳丽鸡毛，然后用布条缠绕两圈固定。之后向掸杆上绑扎鸡毛，取5根左右鸡毛，粘在掸子杆上，用布条缠绕固定，注意鸡毛绑扎要均匀。如此反复，绑到合适长度就可以了，最后一圈鸡毛根部用布条多缠绕几圈，防止鸡毛脱落。这样，一把结实耐用美观的鸡毛掸子制作完成。

▲鸡毛掸子

蒙古包营造技艺

公布时间：2022年

级别批次：县级第六批

项目类别：传统技艺

项目单位：前郭县呼德塔拉民族文化交流有限公司

蒙古包是蒙古族和其他北方游牧民族最具代表性的民居。主要由架木、苫毡、绳带三大部分组成，不用泥水土坯砖瓦，原料非木即毛。传统蒙古包制作集木工、刺绣、雕刻、绘画、编织等于一体，集蒙古族民间手工技艺之大成。制作一个完整蒙古包一般需要5~7天时间，搭建则短至半日即可完成。蒙古包搭建过程一般是先搭建圆形底座，而后安装门框和哈那（围墙支架），固定奥尼（梁），覆盖蒙古包围帐和顶棚幪毡，再用围绳固定等。

▲正在搭建蒙古包

▲蒙古包

虎头鞋制作技艺

公布时间：2022年

级别批次：县级第六批

项目类别：传统技艺

项目单位：前郭县哈拉毛都镇绣阁针织制品坊

虎头鞋是中国传统手工艺品之一，因鞋头呈虎头模样，故称虎头鞋。制作虎头鞋有打袼褙、剪样、纳鞋底、做鞋帮、绣虎脸、上鞋帮、扎虎须等程序。虎头鞋做工复杂，仅虎头上就需用刺绣、拨花、打籽等多种针法。鞋面的颜色以红、黄为主，虎嘴、眉毛、鼻、眼等处常采用粗线条勾勒，夸张地表现虎的威猛。流传于前郭县哈拉毛都镇的虎头鞋制作技艺，经末代旗王府绣娘庞玉兰整理创新，形成一套完整的制鞋工艺，并在家族代代相传，其针法多采用“绷花”“填补绣”及“盘金边”等，设计图形多为传统祈福、祛病、纳财等图案。虎头鞋制作技艺是东北民俗文化重要元素之一，是民间传统艺术的传承，代表着热爱生活、乐观积极的生活态度，具有一定的民族文化价值。

传统医药

·省级·

雷氏正骨

公布时间：2009年
级别批次：省级第二批
项目类别：传统医药
保护单位：前郭圣和医院

雷氏正骨是以传统手法为患者进行正骨的医术，距今已有110多年历史，创始人雷庆义、雷继峰凭借高超的正骨技艺，曾在清代八旗军中和郭尔罗斯草原上行医。雷氏正骨已经在前郭尔罗斯地区沿袭传承5代，后人秉承祖训，不断在诊疗手法和用药配方上总结创新，正骨理论和医治水平逐渐丰富成熟。

▲雷氏正骨疗法发明人及传人

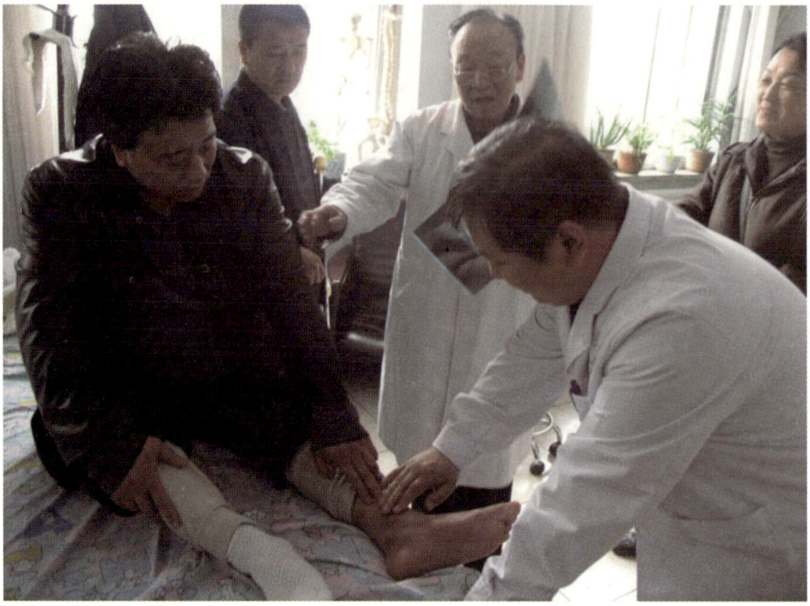

▲雷氏正骨传人正在为患者进行诊治

手法治疗也称手法复位，是传统医学对损伤性疾病的一种外治疗法，雷氏正骨技艺保留着独特、完整的传统手法，几代传人既秉承祖训，又不断在诊疗手法和用药配方上总结创新，推动雷氏正骨理论逐渐丰富成熟。

雷氏正骨临床手法技巧十分深奥，以“稳”“准”“灵便”“敏捷”为特点，且“一法多用”“多法并用”，采用各种术式作用于病变部位进行诊断治疗，包括摸、接、端、提、拉、扳、拨、按、摩、压、顶、挤、蹬、揉、捏等，对正骨、正筋、正肌肉有着十分显著的疗效。

▲雷氏正骨传人进行医学研究

蒙医放血疗法

公布时间：2016年
级别批次：省级第四批
项目类别：传统医药
保护单位：前郭尔罗斯蒙古族自治县中医院

蒙医放血疗法是一种非药物疗法。蒙医根据具体病情选择特定的穴位进行科学释血，每次释血量为50毫升左右。蒙医放血疗法是医学史上的宝贵财富，能有效降低血压，而没有任何副作用，对脂肪、糖类、矿物质的代谢具有良好的调节作用；同时，还具有改善心、脑、肾功能及供血情况，促进新陈代谢，改变机体的造血功能等作用。

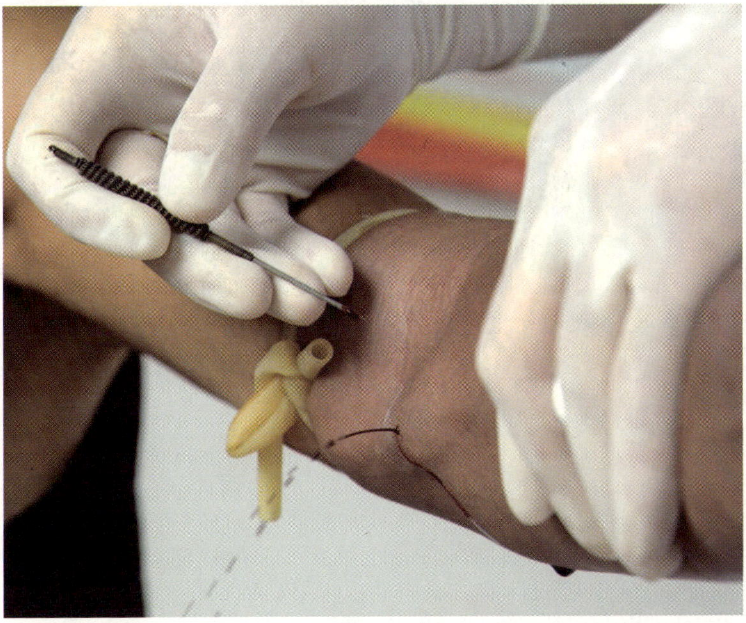

▲蒙医放血疗法——刺入静脉至出血　田立勋/摄影

蒙医药学是一门民族特色突出的传统医疗科学。蒙医外治疗法是蒙医药学的主要部分。其中，放血疗法被称为绿色疗法。放血疗法是在人体的表面的一定部位和穴位，用特制的器械，将浅部脉道（静脉）切开或穿破，放出病血（恶血），以达到预防和治疗疾病的目的，多适用于由血、希拉引起的热性疾病。根据疾病的变化、发展以及病势，选定最适合的放血时机，对保证疗效颇为重要。

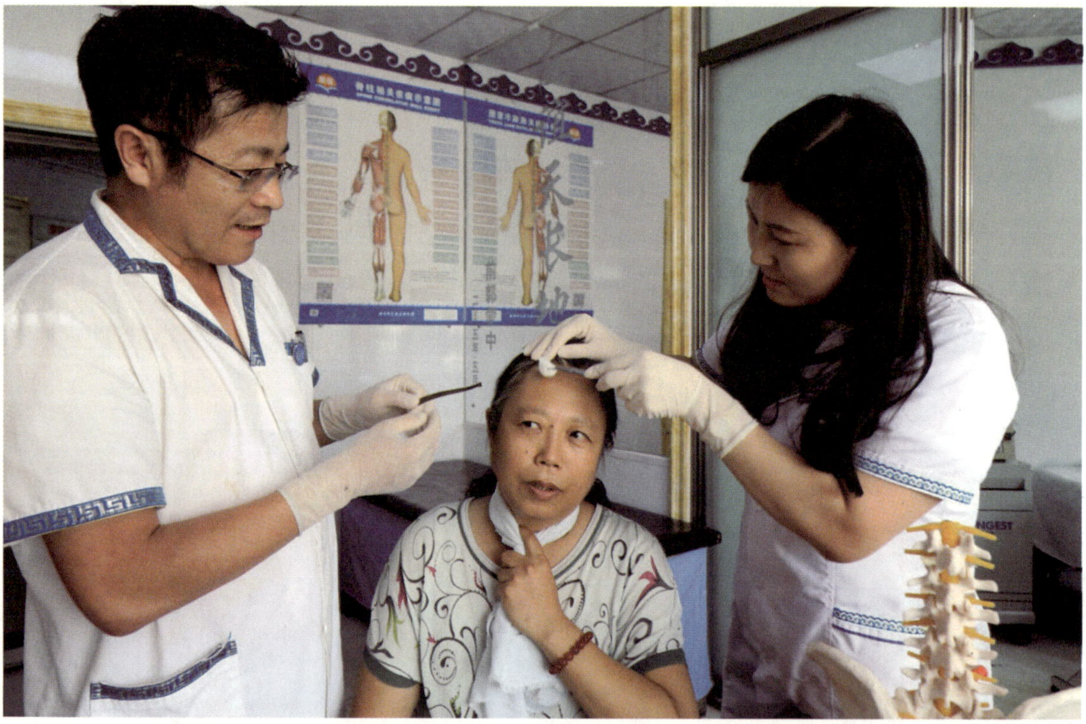

▲蒙医放血疗法代表性传承人韩宝发（左）与学生为患者进行放血治疗　刘跃红/摄影

·市级·

蒙医针灸

公布时间：2010年
级别批次：市级第二批
项目类别：传统医药
保护单位：前郭尔罗斯蒙古族自治县文化工作总站
（前郭县非物质文化遗产保护中心）

蒙医灸法和中医学的灸法一样，是在人体各相关的固定穴位或不定穴位上通过“灼热”或“温热”刺激而达到调节气血、增强体质、防治疾病和保健的目的。蒙医灸法对临床上常见的各种病症均可治疗，并对某些疑难重症的防治有特殊的临床价值。

▲蒙医针灸针刺法——用银针刺激穴位　田立勋/摄影

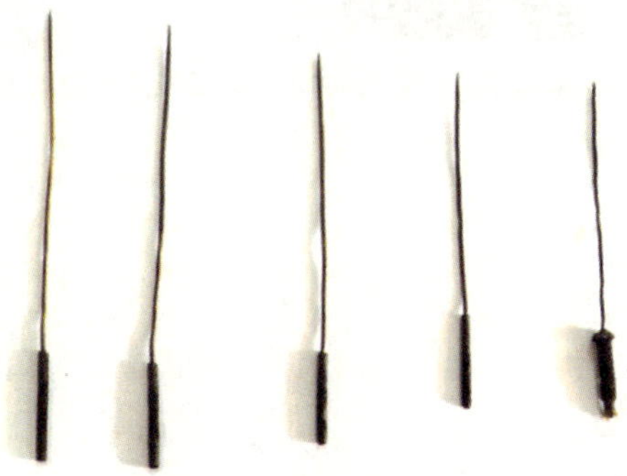

▲蒙医传统火针针具

灸法是蒙医传统“五疗”的重要内容之一，是以蒙医基础理论为指导，在热敷疗法的基础上发展起来的，疗效奇特，源远流长。经过长期大量的临床实践经验积累而形成的一种独特的非药物疗法，是具有蒙医特点的一种传统外治法。

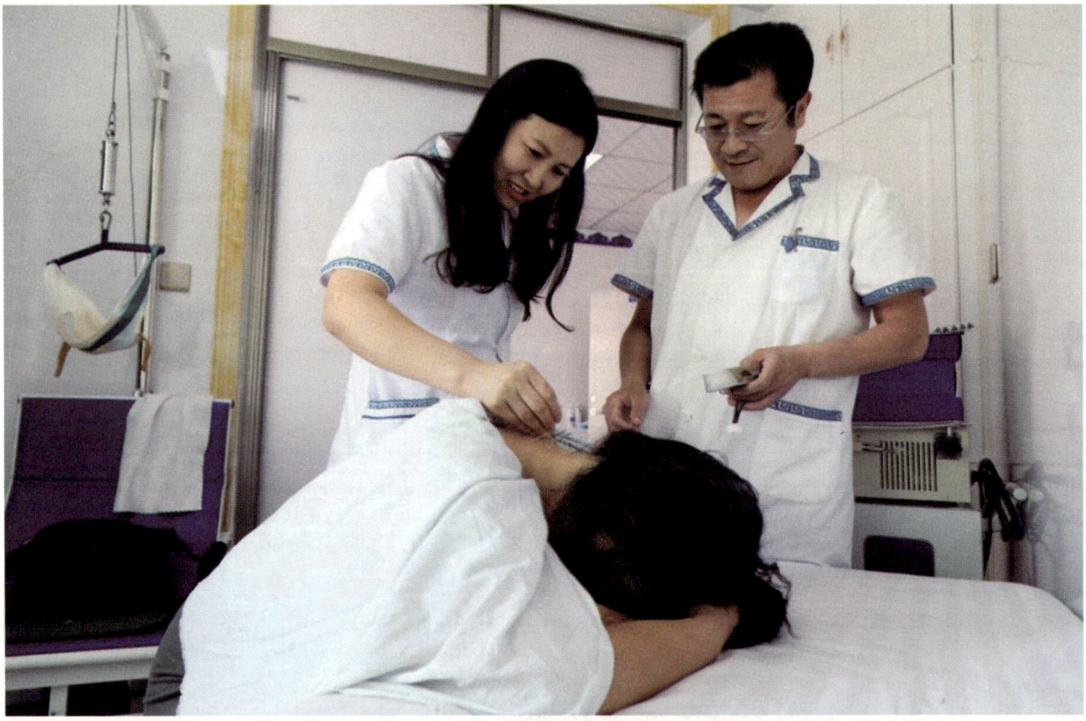

▲蒙医针灸传承人韩宝发指导徒弟为患者针灸　刘跃红/摄影

·县级·

蒙医正骨

公布时间：2010年

级别批次：县级第二批

项目类别：传统医药

保护单位：前郭尔罗斯蒙古族自治县文化工作总站

（前郭县非物质文化遗产保护中心）

蒙医正骨术是历代正骨医家所积累而成的，具有民族特色的治疗各类骨折与关节脱位、软组织损伤等一系列正骨疗法。蒙医正骨术方法简练，临床效果好。最大限度地发挥组织器官自愈能力，使伤折部位及早愈合，恢复正常生理功能。

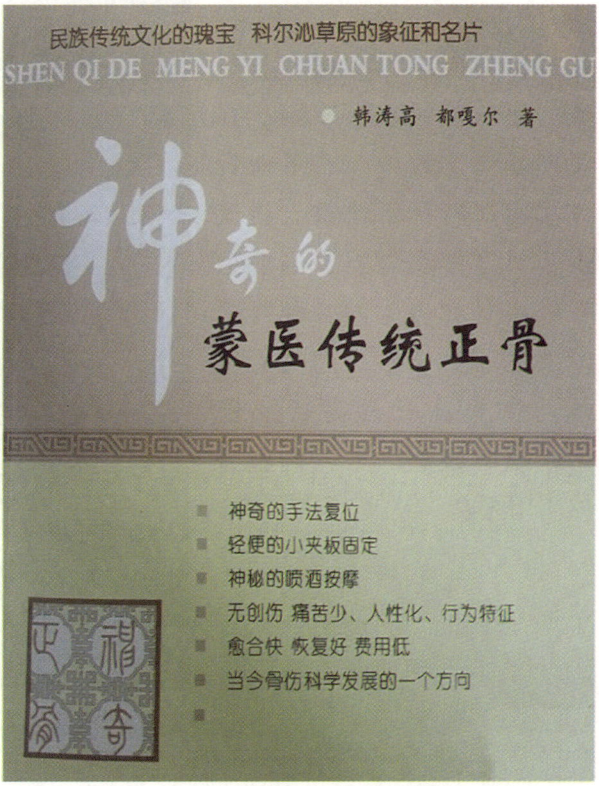

▶蒙医正骨书籍

双针疗法

公布时间：2019年
级别批次：县级第五批（增补）
项目类别：传统医药
保护单位：前郭县邵占国诊所

双针疗法历史悠久，具有得气快、气至而有效、气速至而速效的特点。右手持两根针同时刺入穴位，有疏通经络、活血止痛作用。在长期临床实践中，右手双针疗法由于行针手法重、得气快，对寒痹、痛痹、温痹患者或由急症引起的各种疼痛疗效显著，能够提高病人机体防御机能，提高抗病能力，祛除致病因素，调整身体阴阳平衡。

▲双针疗法书籍

其其格蒙药膏炮制技艺

公布时间：2022年

级别批次：县级第六批

项目类别：传统医药

项目单位：前郭县哈萨尔王王妃生物科技有限公司

其其格蒙药膏（生产许可证号：吉卫消证字2019第0002号）是以李氏家族祖传并获得专利认证的蒙药配方为基础，从几十种蒙古族稀有药材中提取活性成分而成，而且所选用药材保证纯天然、无污染，工艺采用现代科学的先进方法和技术，最大限度保存原药材的纯性。具有疏通毛囊、清除痔疮等功效，愈后不易复发，不含激素，安全可靠、没有任何副作用。产品主要包括疮舒宝、鼻舒宝、逆龄激活面膜粉、逆龄激活护肤晚霜、妇宝康等药膏。

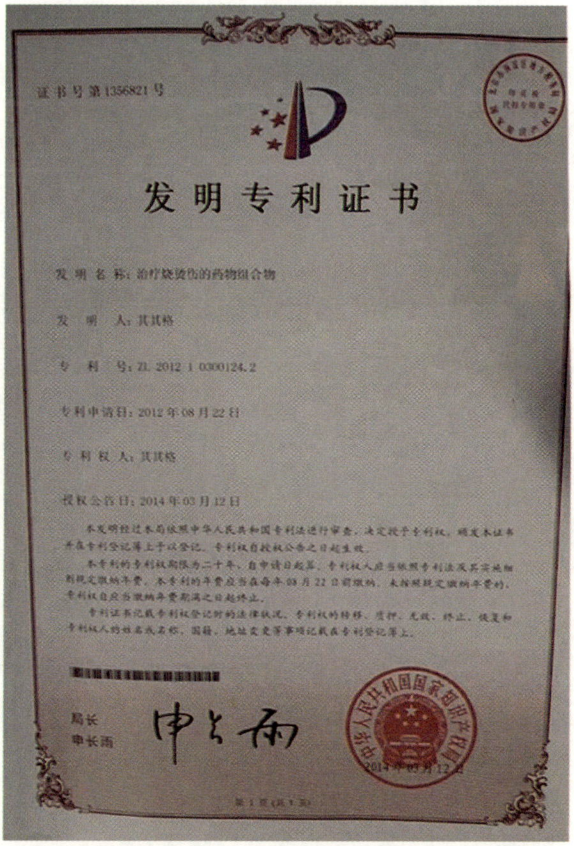

证书号第1356821号

发明专利证书

发明名称：治疗烧烫伤的药物组合物

发明人：其其格

专利号：ZL 2012 1 0300124.2

专利申请日：2012年08月22日

专利权人：其其格

授权公告日：2014年03月12日

本发明经过本局依照中华人民共和国专利法进行审查，决定授予专利权，颁发本证书并在专利登记簿上予以登记。专利权自授权公告之日起生效。

本专利的专利权期限为二十年，自申请日起算。专利权人应当依照专利法及其实施细则规定缴纳年费。本专利的年费应当在每年08月22日前缴纳。未按照规定缴纳年费的，专利权自应当缴纳年费期满之日起终止。

专利证书记载专利权登记时的法律状况。专利权的转移、质押、无效、终止、恢复和专利权人的姓名或名称、国籍、地址变更等事项记载在专利登记簿上。

局长
申长雨

2014年03月12日

第1页（共1页）

▲其其格蒙药膏配方获得的《发明专利证书》

民俗

·国家级·

查干萨日（春节）

公布时间：2011年
级别批次：国家级第三批（扩展）
项目类别：民俗
项目编号：X—1
保护单位：前郭尔罗斯蒙古族自治县文化工作总站
（前郭县非物质文化遗产保护中心）

▲查干萨日祭火仪式

查干萨日，汉语意为白月，即正月、春节。“查干”意为白色，因蒙古族崇尚白色，故把正月称为查干萨日。自元朝起，蒙古族开始使用中原历算法，因此，蒙古族白月与汉族正月一致。查干萨日内容包括“庆小年”“度除夕”“迎初一”“闹十五”“终二月二”等与汉族春节节庆习俗类似的内容；同时，仍保留萨满“祭火”、除夕吃“手把肉”等蒙古族传统习俗，体现出蒙古族传统节日习俗特色。

蒙古族过春节要“送旧”和“迎新”。“送旧”即腊月二十三清扫户内户外，到傍晚时则要“祭火”。蒙古人视火为圣，自古沿袭祭火习俗。把羊胸脯肉连同白哈达、肉末粥、黄油、酒等物作为祭品，然后由长辈点燃九盏小灯。仪式开始后，将祭品投入火中，口诵赞词，祈祷家人幸福。蒙古族认为火代表着一个家族的传宗接代、人丁兴旺，故而十分虔诚。祭火仪式结束后，全家开始进餐。有时也把剩余的祭品送与附近亲戚分享。

◀腊月二十三蒙古族家庭祭灶仪式 吴巍/摄影

▶腊月二十三蒙古族家庭祭火仪式 吴巍/摄影

按照习俗，蒙古族过春节要拜两次年，一拜在腊月三十，辞旧拜年，二拜在大年初一，迎新拜年。农历腊月三十谓除夕，在当日的晚上太阳落山之前开始贴对联，挂灯笼，家家户户炊烟袅袅，锅中放满大块牛羊肉。煮熟后，首先拿出“德吉”备用于祭祖。另取两块最肥的肉，一块吃饭前祭洒向四面八方，供奉各方“神灵”，请求保佑全家平安。吃年夜饭时，请长辈入上座，家里的人给长辈拜年磕头敬酒，长辈给晚辈祝福。

◀贴春联　吴巍/摄影

▲晚辈给长辈拜年　吴巍/摄影

年夜饭后要举行烧“吐勒希”，即祭祖仪式。除夕夜，家家户户灯笼高挂，灯火彻夜通明，不得吹灭灯火，在碾坊、仓房等地方都点燃灯烛，意在光明普照，并给屯里有威望的长辈辞旧拜年。

大年初一凌晨，人们按照吉祥方位走一百米不回头，希望新的一年一切顺遂。院中摆上祭桌，桌上摆放祭品，在祭桌旁点燃一堆柴草，把煮熟的饺子用红筷子一夹两半，敬洒给四面八方的“神灵”，在窗台、门顶、衣柜等地方放上一个饺子和一块肥肉。然后，家中的主人带领全家在祭桌前跪下，先向南面跪拜，然后拜其他方向，燃放鞭炮。

▲祭祖仪式　吴巍/摄影

▶给有威望的长辈拜年　吴巍/摄影

◀家庭“祭天”仪式　吴巍/摄影

初一早饭前先给长辈磕头拜年，长辈给晚辈祝福，赏压岁钱，按照家中辈分年长的顺序依次跪拜迎新拜年。从初一到十五，不论大人小孩都尽情欢乐，此阶段主要是探亲访友拜年问候。全家团圆聚会，进行娱乐活动。此外，还有正月初二祈月赏月吃馅饼，正月十六抹黑脸，正月二十五、二十六填仓满仓，二月二龙抬头等习俗。

◀全家进行娱乐活动
吴巍/摄影

▶全家团圆聚会
载歌载舞
吴巍/摄影

查干淖尔冬捕习俗

公布时间：2008年
级别批次：国家级第二批
项目类别：民俗
项目编号：X—94
保护单位：前郭尔罗斯蒙古族自治县文化工作总站
（前郭县非物质文化遗产保护中心）

查干淖尔冬捕历史由来已久，早在辽金时期就享有盛名。那时辽帝每年都要携群臣嫔妃来此凿冰捕鱼，大摆“头鱼宴”。查干淖尔冬捕习俗包括把头祭祀和开网宴、祭湖醒网仪式、捕鱼作业等。查干淖尔冬捕以其悠久的历史和深厚的文化积淀被誉为“世界奇观”。2006年、2009年先后两次创造单网捕鱼量10.45万千克、16.8万千克的吉尼斯世界纪录。

▲冰湖腾鱼

▲查干湖冰雪渔猎文化旅游节开幕式盛况

为更好地传承弘扬民族文化，加大非物质文化遗产保护力度，自2002年开始，前郭县每年12月至次年2月都要举办“查干湖冰雪渔猎文化旅游节”，截至2021年，已连续成功举办二十届。“查干湖冰雪渔猎文化旅游节”全面展示查干淖尔冬捕习俗，开幕式以“祭湖·醒网”仪式为主，吸引大量游客前来观看这一传承千载的渔猎文化盛会。

▲壮观的出鱼场面

▲民族歌舞剧《盛世契丹春捺钵》剧照

查干淖尔，蒙古语，即查干湖，意为白色的湖泊，蒙古族崇尚白色，因此也称为“圣洁的湖泊”“圣水湖”，中国十大淡水湖之一。位于吉林省前郭尔罗斯蒙古族自治县境内，面积为420平方千米，属温带大陆性季风气候区。查干湖历史上就是天然的渔猎之地，从辽圣宗到天祚帝就有辽王到查干湖进行破冰捕鱼记录。

▶祭湖醒网仪式——取火

◀燃烧的圣火

◀带面具绕圣火跳查玛舞

每年查干湖冬捕开始前都要举行传统的“祭湖·醒网”仪式，“祭湖·醒网”的场面非常壮观，而且还略带几分神秘与神奇。“祭湖·醒网”有两层含义：一是通过祭湖祭祀天父、地母、湖神，保佑万物生灵永续繁衍，百姓生活吉祥安康；二是通过祭网，唤醒已经沉睡的渔网，张网下湖，顺畅平安。所表达的是郭尔罗斯人对美好生活的祝愿，对大自然恩惠的感激，并赋予了查干湖渔猎文化不朽灵魂。

▲诵祭湖词

◀渔把头诵醒网词

▲出发

喝完壮行酒，所有参加冬捕的人员跳上拉网车或爬犁，浩浩荡荡开赴冰上作业。到达网场后，由渔把头确定位置，开凿第一个冰眼为下网眼，再由下网眼向两边各数百步确定翅旗位置，渔把头再由翅旗位置向正前方走数百步，确定为圆滩旗，再由两个圆滩旗位置到前方数百步处汇合，确定出网眼。

▲镩冰

▲下网

渔把头插出翅旗后，由打镩的沿下网眼向翅旗处每隔约15米凿一冰眼，之后下穿杆（长18~20米的细杆），由走钩将插入冰下的穿杆用走钩将之推向下一冰眼，穿杆后端系一水线绳，水线绳后带大绦，大绦后带网，跑水线的水股子拉着水线绳带动大绦向前走，马拉马轮子绞动大绦带着大网前进，后面由跟网把头用大钩将网一点点放入冰下，并随时掌握网的轻与沉，两侧网前进到出网眼后，已将整个网全部下入水中。

◀走网

▶马拉绞盘

出网由马拉动出网轮，出网轮上的旱绦和卡钩配合将双侧网合并一起，96块网组成的一张大网，一次同时拉出每翅的3块称为一拉，分16次拉出。第一拉没鱼，第二拉开始出鱼。出鱼时，挂在网上的鱼直接随网拉到冰面然后摘下，浮在出网口的鱼用“捞子”捞出。由打镩的、扭矛的、走钩的将网再次装到爬犁上，到此一网次冬捕结束。

◀出鱼口

◀红网

◀收网

蒙古族婚俗

公布时间：2008年
级别批次：国家级第二批（扩展）
项目类别：民俗
项目编号：X—55
保护单位：前郭尔罗斯蒙古族自治县草原文化馆

蒙古族婚俗主要有迎亲、求名宴、献茶、沙恩吐宴、送亲、到男方家后的婚仪，以及新人拜火等流程。最突出的特点就是整个婚礼过程由婚礼歌贯穿起来，男方最少要有一位祝词家，女方一般也要有一至两位女祝词家（姑娘们称之为嫂子）。双方祝词家以对歌的形式对新人祝福、劝诫，在歌声中完成婚礼仪式。

▲迎亲　王玉梅/摄影

前郭尔罗斯蒙古族婚俗整个婚礼过程由一些固定的程序贯穿起来。

男方婚礼前一天到女方家迎亲。迎亲的人数五人、七人、九人不等，多为单数，寓意接完新娘成双成对回去。迎亲人到了女家后，婚礼习俗活动开始。迎亲人到后，女方向男方迎亲人献茶，在此阶段要唱盛装赞、祝箭歌、赞马歌、贺喜歌曲等。求名宴是女方的头道宴，招待接亲人队伍。宴席开始之前女方的嫂子们和弟弟妹妹们要闹，为难男方的“贺勒莫沁”求名问属，这时有献奶酒、对唱求名问属歌等。求名宴后，盘古开始，穿插盘古歌、劝戒歌、贺喜歌。

沙恩吐宴是女方家的二道宴，把女方为新郎做的袍靴献上，新郎要换装。这时女方的嫂子、妹妹、弟弟要闹为难新郎和伴郎，让他们给嫂子和弟妹们点烟、敬酒、唱歌等。这时沙恩吐宴期间歌手唱告别宴，报宴歌、祝酒歌、论酒歌、赞沙恩、亲家歌、姑娘的歌、额莫的歌、报时歌。一直延续到送亲时辰。

▶为新郎换装

报时歌催促人们起程，男方接亲与女方送亲人开始上路。快要到达男方家时，送亲队伍等候休息，新郎与伴郎先回到家，给家里人报上所有的人数、车数。然后新郎伴郎回到送亲队伍处带领送亲队伍来到男方家，男方的“贺勒莫沁”手持木叉堵在门口和女方的“贺勒莫沁”进行头门对歌，之后请送亲队伍进屋，献上哈达和荷包，这时男方的歌手献上赛马歌、头门歌、荷包歌等。

▲一对新人正在举行古老的祭天仪式　王玉梅/摄影

▲一对新人正在举行拜父母仪式　罗立群/摄影

正式举行婚礼之前，男方给女方安排一位梳头妈，梳头妈多为男方的女性长辈，为新娘进行梳头仪式，要唱劝嫁歌。这时男方的祝词家报拜天时辰，贯穿揭帷幕、拜火歌、拜双亲、祝愿歌。最后，一对新人拜火、拜天、拜双亲，结束整个婚礼。

▶妈妈边给新娘梳头边唱《劝嫁歌》

◀新人拜火

邵群/摄影

·省级·

成吉思汗祭

公布时间：2011年
级别批次：省级第三批
项目类别：民俗
保护单位：前郭尔罗斯蒙古族自治县成吉思汗文化园管理中心

成吉思汗祭即成吉思汗家族后裔的祭祖仪式。在前郭尔罗斯，大型的成吉思汗祭祀仪式以烤全羊和9种贡品奉上圣祖，族人按照长幼依次敬香、献哈达、叩拜，并组织萨满舞、颂祝赞词等。近年来，每年在成吉思汗召举行四次大型的成吉思汗祭祀仪式，规模最大的为夏季“淖尔祭”。

▲查干萨日（春节）期间家族祭祖

自古以来，蒙古族黄金家族“孛尔只斤”氏祭祖仪式场面隆重、庄严，是传承最好的蒙古族祭祖仪式。蒙古族对祭祖最为重视，春节、清明要烧“吐勒希”祭祖。成吉思汗祭是蒙古族群众祭祖的代表性活动，也是一项公祭活动。

▲查干萨日祭祖跪拜　吴巍/摄影

祭祖仪式一般从早晨开始准备。祭祀时，最长者主持奶酪、奶干等白食为祭品，称为“德吉”，并燃起篝火。主持人将各类祭品放进篝火里，致祭词，燃放鞭炮。祭祖仪式后，人们按辈分、长幼依次排座，晚辈向长者献“德吉”、哈达和礼物，长者给每人分发食物，接受分赠者向长者敬酒、献奶茶、请安问好。

◀成吉思汗诞辰祭祀　吴巍/摄影

郭尔罗斯祈月节

公布时间：2011年
级别批次：省级第三批
项目类别：民俗
保护单位：前郭尔罗斯蒙古族自治县草原文化馆

祈月节为每年正月初二，是蒙古族家庭的团聚日。蒙古族崇尚白色，视皎洁圆满的月亮为上天之圣物。正月初二是新的一年中能够看到月亮初显的第一天，而馅饼的颜色和形状都酷似圆月，因此，祈月节的主要活动为赏月和吃馅饼。人们品尝馅饼祝福家庭团团圆圆，遥望新月祈盼生活和和美美。

▲祈月拜火旺门庭

▲正月初二的月亮

祈月节，蒙古语音译为“萨日特古日勒”，也称“馅饼节”，是郭尔罗斯地区广大蒙古族群众重要的传统节日之一。传承延续着祈月和做、闻、吃馅饼的习俗，是具有独特历史特征、浓郁民族特色、鲜明地域特点的民俗节庆活动。

◀祈月节时，蒙古族家庭亲友欢聚的喜乐场景

正月初二早晨，妇女们身着节日盛装烙馅饼，第一批馅饼中又薄又圆、又白又亮、熟时凸起、香气袭人的馅饼被称为“德吉”。老人用盘子装好“德吉”亲自端到祭祖的供桌上摆好。随后，全家依次向祖先行叩拜大礼。当晚，蒙古族家庭又一次团聚欢宴。太阳落山前，老人们催促着家人站在院落的高处，在“新月”初现的时刻，举家遥望“新月”，祈盼新的一年家族团圆、事业圆满。

▶祈月节全家祭祖献“德吉”

蒙古族服饰

公布时间：2009年
级别批次：省级第二批
项目类别：民俗
保护单位：松原市乌银民族服饰有限公司

蒙古族服饰是蒙古民族形象的标志，是蒙古民族古老文化的缩影，是我国北方游牧民族服饰中最具代表性的服饰之一。蒙古族服饰以蒙古袍、蒙古靴为主，根据部落习俗的不同以及男女、婚否状况，又配以长、短坎肩。郭尔罗斯作为蒙古族的古老部落，有着深厚的文化底蕴，服饰文化及服饰制作技艺也是自古沿袭、特色鲜明，在风格上类属科尔沁流派。

▲蒙古族服饰展示　吴巍/摄影

蒙古族服饰艺术是蒙古文化不可分割的组成部分，是蒙古民族文化取向和审美情趣的生动展现。服饰主要包括首饰、袍子、腰带、靴子4个部分。蒙古袍大多采用织锦缎、丝绸、布帛为面料，蒙古靴以牛皮、棉布为面料。根据自然环境、部落习俗而呈现出不同的风格，有的短而肥大，有的窄而修长，有的以素为美，有的华丽端庄。

▲蒙古族服饰省级代表性传承人乌银正在传授技艺
吴巍/摄影

▲模特展示蒙古族服饰省级代表性传承人乌银设计作品

蒙古族服饰艺术源远流长，从“蒙兀室韦”开始初步形成自己的款式和风格，在蒙元时代达到全盛，在清代又和满族服饰相互融合，在保持自己固有服饰风格的基础上，进一步丰富发展了服饰的款式和工艺。随着生产和生活方式的发展变化，蒙古族服饰在日常生活中已少有穿用，而是向时装化、礼仪化和个性化的方向发展。但服饰文化内涵、穿着特征、制作技艺等，流传延续至今，成为独具特色的文化遗产。

▲蒙古族服饰细节展示

▲蒙古族服饰展示

蒙古袍是蒙古族男女老幼都爱穿的衣服，两袖长而宽大，下端左右不分衩，领子较高，大襟右钉扣。领口、袖口、衣边常用花边镶饰。男袍多为蓝色、棕色；女袍多为红色、绿色、紫色。农业区蒙古族多穿开衩布袍、棉衣、毡靴乌拉，系彩绸腰带，戴黑褐色毡帽或用绸巾缠头。

蒙古族无论服饰、佩饰，都有精美刺绣图案装饰。有犄纹、鸟兽、花卉、卷草纹、万形、蝴蝶、龙凤、如意、佛手、方胜、葫芦、云头、云纹以及各种几何形纹样，极为丰富。蒙古族传统冠饰、佩饰相当丰富，由金银、玛瑙、松石组成，款式多达十几种，由连垂、头带、发套、银穗子组成。

▲蒙古族服饰展示　吴巍/摄影

蒙古族祭敖包

公布时间：2009年
级别批次：省级第二批
项目类别：民俗
保护单位：前郭尔罗斯蒙古族自治县草原文化馆

“敖包”也记作“鄂博”，意为“堆子”。通常建在地势较高的山丘上，以石块堆成。祭敖包与游牧民族原始萨满信仰有关，逐渐演化为游牧民祭天、祭山、祭四方的神坛。

▲蒙古族祭敖包　张桂芝/摄影

郭尔罗斯蒙古族祭敖包形式和内容随着时代的发展不断演变，传统的祭敖包主要有3种形式：血祭，即宰杀壮牛肥羊（一般选公羊）供奉在敖包前祭祀“神灵”；酒祭，也称为酒祭，即在敖包前滴洒鲜奶、奶油、奶酒等祈求幸福，到了近代，还增加了白酒、点心等祭物；火祭，即在敖包前堆干树枝或干牛马羊粪点燃，祭祀者排队绕火三圈，然后供上祭品，把全羊投入火堆。

▲祭祀前装饰敖包

◀蒙古族祭敖包——喇嘛念经祈福

▶蒙古族祭敖包——祭拜祈福　刘跃红/摄影

蒙古族祭火

公布时间：2011年

级别批次：省级第三批

项目类别：民俗

保护单位：前郭尔罗斯蒙古族自治县草原文化馆

祭火也称为“祭灶”，是郭尔罗斯蒙古族的一种传统习俗，每逢年节、迁居或婚礼时，都要进行祭火。蒙古语称“火”为嘎力汗·额和（圣火母）。蒙古族人认为火是纯洁的象征和“神灵”的化身，灶火是民族、部落和家庭的“保护神”，炉灶是火神所在地，是家道兴旺的象征，是神圣不可侵犯的“神明”。日常生活中，蒙古包和房屋里的炉灶、火盆和篝火堆等都被视为“火神”而备受敬重。

▲蒙古族祭火仪式　吴巍/摄影

▲蒙古族祭火酥油灯、贡品　吴巍/摄影

蒙古族祭火是一项古老而传统的原始礼俗，也称“祭火神、祭灶神”，是蒙古族最古老的祭祀活动之一，贯穿于蒙古族兴衰的历史长河中，是完整的、有情节、有故事的礼俗，自古至今，祭火对前郭尔罗斯广大群众的精神生活、民族凝聚力、思想意识等各个方面都有着重要影响。

◀蒙古族家庭祭灶

最隆重的祭火仪式为农历腊月二十三日，传说这一天是“火神”密仁扎木勒哈降生的日子。人们在一两天前就开始洒扫庭院、房屋，准备祭品。当天傍晚，主人点燃一把香，绕行住宅一周，来到装备好的火撑子前，把香插入火盆，祭火仪式开始，主要的祭品有羊胸、炒米、黄油、奶豆腐、红枣及其他食品，其中红枣是不可缺少的供品。有的地方祭火贡品里还有五色布，意为献给火神的衣服。

▲蒙古族家庭祭灶　吴巍/摄影

蒙古族祭“神树”

公布时间：2011年
级别批次：省级第三批
项目类别：民俗
保护单位：前郭尔罗斯蒙古族自治县草原文化馆

蒙古人自古信奉天地、山川、树木，崇拜自然，故有祭“尚神”习俗。“尚神”也称“尚喜”或“尚西”，蒙古语“神树”的音译。“神树”一般为数百年树龄的榆树。郭尔罗斯蒙古族群众祭尚西时，用五颜六色的布条将树装饰一新，由一位“尚西老人”带领众人向神树敬献供品，然后盘膝坐在树下，男女老少聚在周围，推选几名主祭人手捧哈达、美酒、奶食品，向尚西老人敬献。

▲蒙古族祭“神树” 罗立群/摄影

郭尔罗斯的蒙古族村屯，都把祭“神树”作为祭地方“神灵”、保佑风调雨顺、五谷丰登的民俗活动。通过祭祀表达保佑子民平平安安、永兴不衰之意。一些地方也在干旱、雪灾或群众患病等情况下，通过祭树祈求降福消灾、人畜兴旺。

郭尔罗斯蒙古族群众一直传承着祭尚西的习俗，主要有民间群众祭祀和萨满博祭祀两种类型。

◀准备祭祀“神树”

▶蒙古族博祭“神树”

蒙古族交往礼俗

公布时间：2011年
级别批次：省级第三批
项目类别：民俗
保护单位：前郭尔罗斯蒙古族自治县民族歌舞传习中心
（马头琴乐团）

蒙古族交往礼俗包括日常生活礼俗和节庆活动礼俗，主要表现在婚嫁、生育、寿诞、丧葬及日常礼仪中，体现了蒙古族的道德理念、民俗崇尚、民俗禁忌等。交往礼俗主要包括：以西为大、以长为尊、待人接物、礼仪为先。主要礼节有恭敬礼节、问安礼节、见面礼节、招待礼节、哈达礼节、敬烟、敬茶、敬酒等交往礼节。

▲蒙古族交往礼俗——献哈达　刘跃红/摄影

▲蒙古族交往礼俗——交换鼻烟壶（上）、见面礼（下）　吴巍/摄影

前郭县悠久的历史逐步沉淀，形成灿烂的地域文化和独具特色的民族文化。郭尔罗斯蒙古族交往礼俗是具有代表性的民俗文化。在日常礼仪文化中，既包括以交往礼仪、敬献礼仪为主要内容的日常生活礼仪，也包括道德理念、民俗崇尚以及民俗禁忌等。

生活在郭尔罗斯的蒙古族尊重祖训，保持和传承着传统的交往礼俗。茫茫草原，常常几十里、几百里没有人家。远行人饮食、居住都需要得到帮助，于是从古至今，一直把关心他人、帮助他人、礼貌待人，作为每个蒙古人都要遵循的礼俗加以沿袭。随着时代的进步，在郭尔罗斯这片土地上，蒙古族的交往礼仪得到了更进一步的传承和发展。

▲蒙古族交往礼俗——见面敬酒礼　吴巍/摄影

郭尔罗斯蒙古族交往礼俗的以诚相待、尊老爱幼、邻里和睦，以及在重大节庆活动中相互拜访敬奶酒、献哈达等，都是蒙古族交往礼仪中的民族特征，体现着蒙古族善良、热情、直率的性格品质，具有浓郁的民族特点，展示着丰富的民族文化和精神内涵。

◀蒙古族交往礼俗——查干萨日拜见长辈

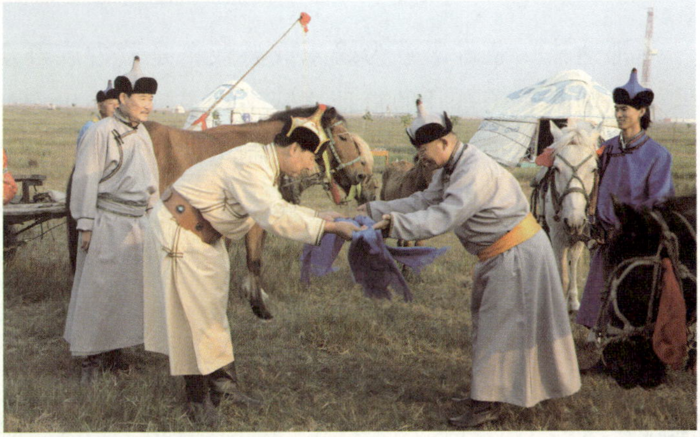

▶蒙古族交往礼俗——哈达礼仪

◀蒙古族交往礼俗——上马酒、下马酒

蒙古族那达慕

公布时间：2009年

级别批次：省级第二批

项目类别：民俗

保护单位：前郭尔罗斯蒙古族自治县全民健身活动中心（前郭县少年儿童业余体校）

那达慕，蒙古语意为娱乐或游戏，是蒙古族群众以歌舞、娱乐为主要内容的集会，一般在草美畜壮的夏秋之际举行。远在13世纪初，蒙古族首领每当举行大“忽力勒台”（意为大聚会），除了制定法规、任免官员、进行奖惩外，还要举行规模较大的那达慕，后逐渐形成习俗。那达慕上最为壮观的是蒙古族“男儿三艺”（赛马、摔跤、射箭）等传统体育项目。

▲2016年9月1日，前郭县庆祝自治县成立60周年暨那达慕大会开幕式

▲蒙古族那达慕速度赛马比赛　张桂芝/摄影

最早记载那达慕活动的是畏兀儿蒙文。当时的那达慕祝颂词中说："得心应手的马头琴声，悠扬动听；洁白无瑕的哈达，闪闪发光；传统的三项那达，接连不断；蒙古族力士，整队上场。"公元1225年铭刻在石崖上的《成吉思汗石文》记载说：成吉思汗征服了花剌子模，为庆祝胜利，在布哈苏齐海地方举行了一次盛大的那达慕大会，会上举行射箭比赛。

▲蒙古族那达慕射箭比赛

▶蒙古族那达慕搏克比赛　曲凤维/摄影

13世纪旅行家马可·波罗曾记述过蒙古人举行赛马的场面。蒙古族文学巨著《格斯尔传》等很多民间史诗中，对赛马都有比较详细的描写。摔跤则更为普遍，一般小型那达慕多以摔跤比赛为主。从这些记载以及民间故事、史诗等对那达慕的描写歌颂中，可以看出那达慕在蒙古族人民生活中占有很重要的地位。

新中国成立后，那达慕大会成为劳动人民进行游艺活动和发挥才能的大会，活动内容也有了较大的发展和改革。近年来，除传统的男子三项技艺比赛外，又增加了布鲁、马上射击、秋千、跳板、田径、球类比赛、文艺演出、蒙古琴书、歌舞专场、体操表演等活动。

◀蒙古族那达慕上蒙古象棋比赛　刘跃红/摄影

▶蒙古族那达慕上投布鲁比赛　吴巍/摄影

蒙古族乃日

公布时间：2011年

级别批次：省级第三批

项目类别：民俗

保护单位：前郭尔罗斯蒙古族自治县全民健身活动中心（前郭县少年儿童业余体校）

乃日，又称“奈日”“奈日嘿雅”“奈日贺彦”，是那达慕的旧称。现在的乃日一是指娱乐，二是指那达慕大会，三是指联欢晚会。成吉思汗时期，乃日活动初具规模，逐渐演变为“那达慕”。

▲蒙古族婚礼乃日

过去，“乃日”是举办地人家盛待宾朋的机会，蒙古族认为，接待的客人不论是否相识，都是自家的乐事，非常值得骄傲和自豪。据说，远在氏族社会时期，游牧人家在接羔、打草等劳动间隙，聚集南来北往的游牧奥特尔（四季更换牧场）、附近牧家，摔跤、赛马，随后煮肉、喝茶，以活动身体、愉悦心情。

▲草原上的蒙古部落乃日

▲草原上的蒙古族乃日

随着社会发展，乃日逐渐演变为“那达慕”，时间2~3天。在前郭尔罗斯地区，一年一度的乃日活动远不能满足人们文化生活的需要，活动内容方面，在原有摔跤、射箭、赛马等主要项目基础上，又增加了掷布鲁、歌舞表演、贸易交流等，活动内容日趋丰富。

►郭尔罗斯部落首届“珠拉乃日” 田立勋/摄影

◄蒙古族家庭乃日 刘跃红/摄影

蒙古族萨满祭天仪式

公布时间：2007年

级别批次：省级第一批

项目类别：民俗

保护单位：前郭尔罗斯蒙古族自治县草原文化馆

郭尔罗斯蒙古族萨满祭天仪式是当地渔猎游牧民族崇拜自然、祈天降福的一种民间习俗。自古以来，郭尔罗斯的蒙古族举行大型祭天仪式，都是由“博”主持，并按照蒙古族萨满习俗进行。农历九月初九是固定的祭天日。祭祀场面庄严，祭词神秘。

▲蒙古族萨满祭天仪式　吴巍/摄影

郭尔罗斯蒙古族萨满祭天准备阶段，一般选择较大的院落，在戌时以后举行。宰杀羊前，将羊牵至室内的“翁古达”前，萨满击神鼓对其催眠，唱宰杀祭词。宰杀后将全羊（牛分割为六大块）用大锅煮熟，供放在院中祭坛上；同时，点燃九烛香、九樽酒，并摆放其他供品。

◀蒙古族萨满祭天仪式主祭品选用膘肥体壮没有受伤的公羊或公牛（大型祭祀活动用牛） 吴巍/摄影

▶蒙古族萨满祭天仪式准备祭祀用品 吴巍/摄影

祭天的颂词过程，主持仪式的主萨满“博”带领徒弟，高声颂读九十九重天尊号，吁请降临享受供品。祭天仪式结束以后，众人聚餐，分享祭品，参加者平均分享祭天供品。

◀蒙古族萨满祭天仪式　吴巍/摄影

▶蒙古族萨满祭天仪式上众博唱祭文　吴巍/摄影

·市级·

朝鲜族花甲宴习俗

公布时间：2010年

级别批次：市级第二批

项目类别：民俗

保护单位：前郭尔罗斯蒙古族自治县文化工作总站

（前郭县非物质文化遗产保护中心）

花甲宴（也称花甲礼）是朝鲜族为60岁老人举行的生日宴席。花甲宴当天，儿女们为老人大摆寿席，广邀亲朋邻里欢聚一堂，花甲老人坐在寿席中，男左女右，同亲朋邻里中的同辈兄弟一起接受寿礼。寿礼开始，依次敬酒献寿。礼毕，子女们宴请前来祝寿的亲朋好友，边吃边喝，唱歌跳舞，祝福老人健康长寿。

▲花甲宴

蒙古族成年礼俗

公布时间：2010年
级别批次：市级第二批
项目类别：民俗
保护单位：前郭尔罗斯蒙古族自治县草原文化馆

蒙古族成年礼俗也叫“乌日博宴”、剪发礼。在孩子12岁时进行，第一剪由属相相合、年纪较大、子孙多的长者来剪，然后由远亲和朋友剪，近亲最后剪。剪发后，父母会将孩子剪下的头发包起，缝在孩子衣服后背上以避邪。长辈给孩子送礼，吻一下孩子的额头，祝福孩子以后的人生平安顺遂。

▲剪发礼

蒙古族端午习俗

公布时间：2010年
级别批次：市级第二批
项目类别：民俗
保护单位：前郭尔罗斯蒙古族自治县草原文化馆

端午节又称端阳节，农历五月初五，俗称五月节，是中国传统节日之一。蒙古族端午节习俗包括踏青、登山、采艾蒿、戴香包等，还有一个特殊的风俗——打大围，因为这天是端午节，因此也称“端午猎日”，也有的叫“猎节”。打大围是一种东北农牧区许多村屯联合的群众性狩猎活动，一年进行三、五次不等，但端午猎日时间固定。为了保护生态，蒙古族端午节已不再进行围猎，除祭拜长生天以外，与汉族的端午节习俗基本一致。

▲端午节蒙古族青年骑马踏青

蒙古族祭湖习俗

公布时间：2009年

级别批次：市级第一批（增补）

项目类别：民俗

保护单位：吉林查干湖渔业有限公司

千百年来，郭尔罗斯蒙古族在查干湖一带繁衍生息，重大活动或节庆时沿袭祭湖习俗。古时祭湖主要为宰杀牛羊的血祭和用奶食果品的酒祭两种。祭祀时摆放供品，点燃香烛，由萨满或族人首领（后来也有喇嘛）主持仪式，主要有诵祭词、洒奶酒、献供品、拜湖神等活动。通过祭湖祭祀天父、地母、湖神，保佑万物生灵永续繁衍，百姓生活吉祥安康。

▲渔工跪拜祭湖

古代，祭湖和醒网分别是蒙古族和契丹人的习俗，随着民族融合，逐渐形成“祭湖”“醒网”的习俗，意在祭祀湖神，唤醒冬网，奉拜天神保佑生灵。春季查干湖冰面融化后，开始明水捕鱼前要举行“祭湖”“醒网”仪式。冬季开始冰下捕鱼前也要举行“祭湖”“醒网”仪式。为促进旅游业快速发展，前郭县每年举办“查干湖冰雪渔猎文化旅游节”，开幕式上举行“祭湖”“醒网”仪式，气势恢宏，场面壮观。

▲蒙古族人代表致祝赞词

蒙古族寿辰礼俗

公布时间：2010年

级别批次：市级第二批

项目类别：民俗

保护单位：前郭尔罗斯蒙古族自治县草原文化馆

蒙古族寿辰礼仪一般分为“过生日”“过本年”“高寿礼”3种。在六十、七十、八十、九十时举行高寿宴。蒙古族祝寿和过本年的日期一般在正月，也有的另择吉日。来宾为老人斟满酒、献哈达、送礼品。民间有祝寿者不能空手而归的习俗，祝寿完毕后主家要回赠毛巾、荷包等，或给孩子食物、零用钱等。

▲晚辈敬献哈达

蒙古族养马驯马习俗

公布时间：2010年

级别批次：市级第二批

项目类别：民俗

保护单位：前郭尔罗斯蒙古族自治县草原文化馆

自古以来，蒙古族擅长驯养“五畜”，即马、骆驼、牛、绵羊、山羊。蒙古族人民不仅十分喜爱马，而且把养马、驯马作为一种生产习惯、一种文化习俗沿袭至今。在草原上，蒙古族群众根据马匹用于骑乘、比赛、运输、耕作、繁育等不同用途以及季节、地域的不同，各有饲养方式和驯驭方法。

▲蒙古族群众正在驯马

一直以来，蒙古族的生产、生活、军事及商贸等方面，都与马匹密切相关，牧马为贵，牧马人被视为“巴特尔”。蒙古族也被誉为“马背上的民族”。蒙古族群众养一群马需要上万亩草场，经过不断传承，在沿袭古老习俗的基础上，逐渐掌握了很多科学的饲养方法。

▲蒙古族女青年放马

锡伯族渔猎

公布时间：2009年
级别批次：市级第一批（增补）
项目类别：民俗
保护单位：吉林查干湖渔业有限公司

锡伯族擅长渔猎、狩猎。清康熙年间，锡伯族人由松嫩流域迁居沈阳、金县一带。乾隆时期，一部分锡伯族人回到松花江流域，充当“鳇鱼差”。捕捞鳇鱼一般在夏季的松花江内由数十人共同进行。捕得鳇鱼后，将其戴“笼头”拖牵至临江的“鳇鱼圈”饲养数月，待天寒地冻时，用马车把冰冻的鳇鱼运送至京城，向清廷进贡。

▲正在编织渔网

·县级·

郭尔罗斯博服饰

公布时间：2012年
级别批次：县级第三批
项目类别：民俗
保护单位：前郭尔罗斯蒙古族自治县文化工作总站
（前郭县非物质文化遗产保护中心）

郭尔罗斯博服饰非常奇特，整体形制是长袍长袖，大多是斜襟式，与传统的蒙古袍外形大体相同，郭尔罗斯博服饰上的装饰非常丰富，而且根据不同博的不同能力而添加不同的装饰物。“博”认为博服饰是与神交流的媒介，当穿上博服装之后，本身就不存在，意念和神已附体。

◀郭尔罗斯博服饰展示

郭尔罗斯博服饰体现了北方民族原始的万物有灵的观念。服饰上的纹样与饰物都包含深刻的宗教文化内涵。如法裙代表的是翅膀，铜镜有收魔驱魔的功能。每件郭尔罗斯博服饰都可以说是一部原始宗教文化的史诗。

▲郭尔罗斯博服饰

蒙古族清明习俗

公布时间：2010年
级别批次：县级第二批
项目类别：民俗
保护单位：前郭尔罗斯蒙古族自治县文化工作总站
（前郭县非物质文化遗产保护中心）

清明节，蒙语叫“杭西”。按照蒙古族传统，清明节要烧“吐勒希”祭祖。“吐勒希”包括炒米、黄油、鲜肉、茶叶、枣、五色布块和纸钱等。清明节祭祀通常只有男性成员前往祖坟祭祀。大都选择和家族一同祭奠已故先人，一般对老祖宗（五世以上者）坟墓，各家要共同祭奠。

▶烧“吐勒希”祭祖

清明节预示着春季开始。牧民的丰收就是看冬季产了多少羔，清明这一天，男人加固圈室，修补房屋，清点新羔的数目，并且做上自家专属记号，如果产多了，女人会炖一锅手把肉，庆祝丰收。要等到次年清明的这一天，男人才可以再次加固圈室，修补房屋。

▶为马驹做上自家专属记号

◀做记号的工具

蒙古族婴儿满月习俗

公布时间：2015年
级别批次：县级第四批
项目类别：民俗
保护单位：前郭尔罗斯蒙古族自治县文化工作总站
（前郭县非物质文化遗产保护中心）

满月既是对孩子出生的庆贺，更是对未来成长的祝福，因此较为隆重、热烈。宴会开始时，父亲要以孩子的名义给每个人敬酒，孩子的母亲抱着孩子给每个人叩头。家族、舅族等来祝贺的人都执有礼物。蒙古民族小孩满月时还有个仪式，就是剃胎发，但不能全剃，脑门上要留一撮胎发，意为可以保命。

▲蒙古族婴儿满月习俗

妙因寺庙会

公布时间：2012年

级别批次：县级第三批

项目类别：民俗

保护单位：前郭尔罗斯蒙古族自治县文化工作总站

（前郭县非物质文化遗产保护中心）

妙因寺全年重大庙会有13次，分别为正月初一弥勒菩萨圣诞，正月初二到初四祈愿大法会，正月初五财神圣诞，正月十五供灯法会，清明祭祖，四月初八至十一妙因寺玛尼大法，四月十八放生法会，四月二十八日药王菩萨圣诞，六月十三至十五晒佛暨诵经祈愿法会，六月十九观世音成道之日，七月十五《度亡经》超度法会，十月二十五纪念宗喀巴大师的燃灯节法会，腊月二十三祭火神等。

▲妙因寺法会